SEA UN LÍDER MOTIVADOR

Principios de liderazgo que perduran

LEROY EIMS

EDITORIAL PATMOS

Sea un líder motivador

Publicado por Editorial Patmos,
Miami, FL. 33169

Publicado originalmente en inglés por David C Cook, 4050 Lee Vance View, Colorado Spirngs, CO 80918 E.U.A. con el título *Be a Motivational Leader*

Traducido por Silvia Cudich

Diseño por Adrián Romano

ISBN 13: 978-158802-739-9

Categoría: Liderazgo

Impreso en Brasil | *Printed in Brazil*

ÍNDICE

PRÓLOGO

¡Usted tendrá una agradable sorpresa!

Si usted es como yo, no desea que un autor tarde demasiado en llegar al meollo del asunto. Tampoco le gusta recorrer páginas llenas de sueños, ideales y teorías que trazan bellísimas imágenes verbales pero no suenan a realidad. Sobre todo cuando se trata de algo tan práctico como el liderazgo y la motivación.

LeRoy Eims escribió cosas muy buenas. Si usted no lo ha descubierto hasta ahora, es muy probable que sea porque no ha leído sus otros libros. Él vivía en el mundo real y tenía la cabeza bien puesta. Enfrentaba los problemas sin dar rodeos y no temía acentuar el lado bíblico con ímpetu y confianza, lo cual es un rasgo poco frecuente entre autores, incluso los cristianos. Pero no aburría con la Biblia tampoco. Donde calzaban los principios bíblicos, allí los colocaba. Pero no a la fuerza. Eso en especial es lo que más aprecio.

A pesar de que LeRoy ocupó diversos cargos de liderazgo antes de su muerte en 2004, siempre tuve la marcada impresión de que él estaba todavía aprendiendo, todavía escuchando. Era fuerte, pero se dejaba enseñar. Dicho equilibrio es esencial para los que tienen éxito como líderes en el mundo actual. Este libro lo va a alentar a desarrollar ese mismo equilibrio en su propia vida.

No creo que necesite que le recuerde que estamos viviendo en épocas difíciles. Nos rodean temores amenazantes. En vez de enfrentar los desafíos del siglo veintiuno, mucha gente huye. La nuestra es una generación de gente experta en huir. Desesperadamente, necesitamos directivas relevantes y confiables de las Escrituras que les brinden esperanza a los que se encuentran casi paralizados por las trampas de la pasividad. Este libro contiene todos esos ingredientes.

Como le dije, ¡tendrá una agradable sorpresa!

Charles R. Swindoll

PREFACIO

Los principios de un liderazgo eficaz son eternos cuando están afianzados en la Palabra de Dios y modelados por la persona de Jesucristo. Jesús motivaba a sus seguidores mediante las acciones de su propia vida de humildad, relaciones personales y sacrificio propio. Mi padre era un líder fenomenal. Motivaba a hombres y mujeres a alcanzar su máximo potencial para la campaña de Cristo. Buscaba liderar como había liderado Jesús.

A menudo, papá usaba el ejemplo de los animadores que trabajan en los estudios de Walt Disney. Estos animadores pueden tomar un ratón común y corriente y hacer que ese ratón cante, baile, maneje un barco y la salve a Minnie de toda clase de peligros. Esa también es la labor de un líder sólido: inspirar a la acción, tomar algo inmóvil y, por medio del Espíritu de Dios, lograr que cumpla sus propósitos. Es como cuando el viento agita una bandera. La bandera sólo cuelga del poste, pero el viento la levanta y la bandera comienza a agitarse y ondear.

Mucho de lo que Dios puede usar para inspirar a la gente a que entre en acción es el viento de la motivación. Papá solía decir que una de las tareas más importantes de un líder es ayudar a que la gente sienta pasión por lo que hay que hacer y mantenerlos enfervorizados. Es el deseo de mi padre y el mío que a usted le resulte útil este libro en su vida y servicio al Señor.

¡Anímese!
Randy Eims.

CAPÍTULO UNO

SEA UN LÍDER RESPONSABLE

El 25 de abril de 1980, cuando cincuenta y dos estadounidenses habían estado ya como rehenes en Irán durante 173 días, el presidente Carter apareció en la televisión. Con voz solemne, reveló al pueblo estadounidense que un equipo militar de los Estados Unidos había fracasado en su intento de rescatar a los cincuenta y dos americanos que estaban cautivos en la Embajada de los Estados Unidos en Teherán, Irán. Después de que el presidente describió los acontecimientos que llevaron a que se abortara la misión, acotó: "Fue mi decisión intentar una operación de rescate. Fue mi decisión cancelarla cuando surgieron problemas… La responsabilidad es completamente mía."[1]

El presidente Carter se dio cuenta de que en lo que se refiere a los intereses de los Estados Unidos, la responsabilidad recae sobre el presidente.

RESPONSABILIDAD

Sea cual sea la empresa, el líder es el responsable del éxito o fracaso de la misión. ¡Pero qué difícil es para la mayoría de los líderes aceptar la responsabilidad de lo que ocurre en sus organizaciones!

En el verano de 1979, la Agencia Nacional de Aeronáutica y Espacio tuvo un problema. Se responsabilizó a la NASA de algo sobre lo que tenía muy poco control: Skylab, una de las primeras estaciones espaciales que había construido la NASA, estaba fallando y yendo rumbo a una órbita de deterioro. La NASA había construido Skylab, se había jactado de ello, la había lanzado, y ahora estaba en problemas. Toneladas de metal pronto comenzarían a caer desde el cielo. ¿Pero en dónde? ¿Sobre la cabeza de la gente? ¿Sobre alguna casa? Nadie estaba seguro. De modo que el mundo y la NASA esperaban. Para algunos, la idea de un trozo de metal de nueve pisos de altura y con un peso de setenta y siete toneladas y media cayendo sobre la tierra era algo cómico y que daba pie a bromas ligeras.[2] Se hacían paráfrasis de la Gallinita que gritaba: "¡El Skylab se está cayendo! ¡El Skylab se está cayendo!" Se daban fiestas en las que los invitados se disfrazaban con plumas y picos de gallinas. Algunas personas lucían camisetas con un centro en el medio y las palabras "Soy el blanco oficial del Skylab."

Pero existe un lado serio también. Mucha gente se sentía a la merced de una fuerza sobre la que nadie tenía control. Algunos tenían miedo. Otros estaban enojados. Otros estaban cada vez más resentidos porque la gente que era responsable había permitido que la situación se les escapara de las manos. Se quejaban de que la NASA tendría que haber pensado en esta eventualidad y haber hecho planes adecuados para traer al Skylab de regreso en forma segura.

La NASA afirmaba que a pesar de que existían algunas probabilidades, ellos no habían podido predecir con ningún grado de exactitud donde caería esta cosa. A pesar de que la NASA era la responsable de colocar al Skylab en órbita, no aceptaba la responsabilidad de adónde iba a caer.

MOTIVACIÓN Y MORAL

Pensemos por un momento cómo se relaciona ese acontecimiento con la motivación y la moral. Si un grupo tiene la sensación de que su líder no está haciendo su tarea —o no está asumiendo toda la responsabilidad de lo que está sucediendo en la empresa— los miembros comienzan a resentirse, a dudar o a temer. A medida que se acreciente su insatisfacción con el liderazgo, la motivación y la moral se derrumban. Un incidente que ocurrió en una corporación de los Estados Unidos ilustra dramáticamente esta verdad. La administración estaba en medio de un problema de personal de tremendas proporciones, y el líder se negaba rotundamente a involucrarse en la solución. Mediante sus acciones, les estaba comunicando a sus ejecutivos que no se sentía responsable por lo que había ocasionado el problema y que no tenía interés alguno en liderarlos para superarlo. Los hombres y mujeres que estaban más cerca de él comenzaron a sentirse frustrados, enojados y desalentados. Por último, confrontaron al hombre y le dijeron que, debido a su falta de liderazgo, ellos estaban decididos a renunciar a sus puestos. Después de una larga e intensa discusión, el líder tomó rápida cuenta de la realidad de la situación y prometió hacer todo lo posible para resolverla. Y cuando el líder aceptó su responsabilidad, la gente se pudo unir a él y, como equipo, comenzaron a trabajar juntos.

A pesar de que son varios los factores que afectan la motivación y la moral, uno de los factores clave es la responsabilidad del liderazgo. Los líderes que asumen la completa responsabilidad de sus propias acciones y por la gente que Dios puso a su cargo imponen lealtad y respeto.

La semana después del intento abortado de los Estados Unidos de rescatar a los rehenes en Irán, yo estaba dando una charla a un grupo de soldados en una conferencia en Virginia. Uno de los oficiales me contó acerca de un discurso que había dado en el Pentágono un general de alto rango. Ese general había dicho que la sensación de culpa que sentía por el fracaso de la misión había sido más que compensada por la sensación de orgullo que sentía hacia su comandante en jefe por haber asumido la completa responsabilidad de las decisiones que había tomado. El oficial que me relató esa historia me dijo que él y el resto de los hombres y las mujeres que servían con él en el Pentágono se habían sentido impulsados a apoyar al presidente. El hecho de que el presidente había asumido la responsabilidad les impuso lealtad y respeto.

RACIONALIZACIÓN

Sin embargo, con demasiada frecuencia el líder se siente tentado a escurrir el bulto, a negarse a asumir la responsabilidad de algo malo o poco placentero. Todos tenemos esta tendencia. Es parte de nuestra naturaleza. Por ejemplo, si yo engordo unos kilitos, puedo fácilmente culpar a mi papá. Puedo racionalizar: "Él era un hombre grande, robusto y yo salí a él. Si hubiera tenido un papá delgado, las cosas habrían sido diferentes. Pero como mi papá estaba excedido de peso, yo estoy condenado a engordar. Es todo culpa de él."

Yo ignoro el hecho de que como helado, palomitas de maíz y maní cubierto de chocolate. Como si de alguna manera eso no tuviera importancia. Racionalizo que heredé la tendencia a subir fácilmente de peso y así puedo echarle toda la culpa a quien le corresponde: mi papá.

La Biblia dice algo sobre esta clase de falsa racionalización. Dios responsabiliza a la gente por sus acciones. Dios considera que los líderes son responsables por lo que ocurre en sus filas. Un líder es el medio que Dios usa para que su gente avance en la dirección correcta y haga lo que tiene que hacer. El que dirige la banda tiene que afrontar las consecuencias.

Este principio lo podemos ver de manera muy vívida cuando Dios les da maná a los hijos de Israel. Las instrucciones del Señor habían sido muy claras. Tenían que juntar maná durante seis días de la semana, pero no el sábado. Sin embargo, desobedecieron: "Algunos israelitas salieron a recogerlo el día séptimo, pero no encontraron nada, así que el Señor le dijo a Moisés: '¿Hasta cuándo seguirán desobedeciendo mis leyes y mandamientos?'" (Éxodo 16:27-28).

¡Asombroso! ¿Había Moisés quebrantado los mandamientos y las leyes de Dios? ¡No! Alguna de la gente, pero no Moisés. ¡Pero mire a quién hace responsable el Señor! ¡Al líder! Dios deseaba que Moisés estuviera siempre atento, de manera que los pecados de la gente no obedecieran a su descuido o pereza. Deseaba que el hombre que él había puesto a cargo controlara la situación ya que, de última, Moisés sería el que Dios consideraría responsable.

CÓMO SUPERAR LA RACIONALIZACIÓN

Debido a nuestra tendencia natural a racionalizar, tenemos que reconocer esta debilidad y luchar contra ella. "Más vale ser paciente que valiente; más vale dominarse a sí mismo que conquistar ciudades" (Proverbio 16:32). Es mejor conquistarse a uno mismo que conquistar a los demás. Pero es difícil conquistarse a uno mismo, porque estamos lidiando con nuestro propio espíritu corrupto, rebelde, transigente que tan fácilmente justifica sus acciones y trata de evitar asumir la responsabilidad por ellas. Así como es pecado el permitirnos el lujo de perder los estribos, sumirnos en autocompasión o satisfacer nuestros apetitos carnales, es también pecado tratar de echarles la culpa de nuestras acciones a los demás.

Cuando usted como líder no combate el pecado en su propia vida, la gente que trabaja con usted pronto dejará de tenerle confianza. Si es un líder, tiene que prepararse para luchar toda la vida contra su inclinación natural a permitirse excesos y su tendencia a culpar a los demás cuando usted es el que tendría que asumir la responsabilidad.

El corazón es el campo donde se libran estas batallas. Y ese es un pensamiento inquietante. "Nada hay tan engañoso como el corazón. No tiene remedio. ¿Quién puede comprenderlo?" (Jeremías 17:9). En el contexto de este pasaje, aflora una verdad poderosa: es una tontería depender de la fuerza de mi propia naturaleza en vez de depender del poder y la sabiduría de Dios. El corazón, que es malvado y engañoso, declara que el mal es el bien y que el bien es el mal. Todos imaginamos que nuestro corazón es mejor de lo que es. De hecho, el corazón humano nos permite reivindicarnos mediante el autoengaño. El corazón es el que encabeza el intento de camuflar el sendero hacia la ruina.

Pero si nos volvemos a Dios y le pedimos que ilumine nuestra oscuridad y nos muestre la verdad, él lo hace. La oración de David es nuestro modelo. "Examíname, oh Dios, y sondea mi corazón; ponme a prueba y sondea mis pensamientos. Fíjate si voy por mal camino, y guíame por el camino eterno" (Salmos 139:23-24). Dios nos conoce. Nosotros nos adulamos y marchamos a ciegas hacia el borde del abismo. Pero Dios en su misericordia trae la luz de su verdad que nos sacude y nos trae de vuelta a la realidad.

ACEPTAR LA RESPONSABILIDAD

La aplicación es simple. Cuando me veo tentado a sucumbir a las malvadas diabluras de mi engañoso corazón, puede encararlas y vencerlas en la fortaleza del Señor. Si soy responsable de algo que terminó mal, tengo que reconocer mi responsabilidad y corregirlo. No es una tarea fácil. El "conquistar ciudades" en un conflicto físico es un juego de niños comparado con el conflicto diario e incesante de mi corazón inescrutable y engañoso. La marina de los Estados Unidos tiene un dicho: "No ocurrió cuando estábamos de guardia." Lo que significa: "No nos culpen. No fue nuestra culpa." Pero cuando Dios me habla y me señala mi pecado, me conviene escuchar. Mi corazón es siempre engañoso. Dios siempre tiene la razón. La elección es mía: puedo ir tras la verdad o el engaño.

Si ignoro lo que Dios me dice, soy el único responsable y voy a sufrir las consecuencias. "Si eres sabio, tu premio será tu sabiduría; si eres insolente, sólo tú lo sufrirás" (Proverbio 9:12). El resultado de mis acciones se vuelven ahora contra mí. Si me comporto con falsedad con mí mismo o con la gente que Dios ha colocado bajo mi supervisión, perjudico mi propia alma (Proverbio 8:36). No puedo pasarles el bulto a los demás para evitar así mi responsabilidad.

Cuando Dios encaró a Adán con su pecado, Adán podría haber dicho: "Sí, Dios, tienes razón." Pero no lo hizo. Trató de pasarle la culpa a Eva, pero eso no funcionó. Eva, por su lado, trató de culpar a la serpiente, pero eso no funcionó tampoco. Tratar de eludir la responsabilidad es algo tan antiguo como el jardín del Edén.

Pero aquellos polvos trajeron estos lodos. Los infames resultados de un mal desempeño a la larga nos alcanzan. Lo terrible es que esos resultados pueden plagar una empresa por años, décadas, incluso siglos. Aún hoy estamos padeciendo los resultados del pecado de Adán.

Hay numerosas áreas en las que un líder necesita aceptar responsabilidad. Salomón aborda cinco responsabilidades importantes que tienen los líderes:

1. *Reprender o corregir.* Los líderes tienen que aceptar la responsabilidad de reprender el pecado en sus filas

o corregir un procedimiento incorrecto tomado por alguien a su cargo. A veces, los líderes ven un proceder incorrecto y se niegan a corregirlo porque temen perder el favor de la gente. "A fin de cuentas, más se aprecia al que reprende que al que adula" (Proverbio 28:23).

2. *Actuar con firmeza.* Cuando surge la oportunidad de hacer algo noble y profundas consecuencias, los líderes tienen que aceptar la responsabilidad de actuar con firmeza. Salomón dijo que si una persona disculpa una conducta injusta diciendo que no sabía nada al respecto, aún así tendrá que responder ante Dios, que evalúa el corazón y le paga a cada uno según sus obras.

Ver a otro ser humano en inminente peligro, al borde del desastre, y no hacer nada es un crimen ante los ojos de Dios y de la humanidad. La gente percibe a esos líderes como crueles y despiadados o como cobardes. Sin embargos, si los líderes detectan alguna necesidad, se arremangan, entran en acción y hacen lo que pueden, sus seguidores se sentirán motivados a unirse a él.

Cuando yo estaba en una ciudad en el suroeste de los Estados Unidos, escuché cómo un hombre oraba fervorosamente por los hombres y mujeres en el sudeste de Asia. Esa gente se estaba muriendo de hambre y era tratada con brutalidad, pero sus fronteras estaban cerradas a toda clase de ayuda humanitaria y socorro. Conmovido por esa necesidad, este hombre decidió involucrarse. Llamó a representantes de las

Naciones Unidas, a la Cruz Roja, a varios embajadores de los países cercanos, a agencias de auxilio cristianas y demás. Todos decían lo mismo: "No podemos hacer nada. Los opresores llevan las riendas. No van a permitir que nadie traiga consuelo y ayuda."

Pero John no se detuvo. Comenzó a movilizar un gran esfuerzo de oración entre los cristianos. Lo escuché en una reunión en una casa. Al día siguiente, su pastor le permitió presentarle su carga a la congregación en el servicio del domingo por la mañana. Comenzó a llamar por teléfono a amigos sembrados por todos los Estados Unidos y el mundo. Su súplica era que la gente orara.

Todos los que los escuchaban a John se sentían desafiados y motivados. Y muchos se unieron a él y lo ayudaron con sus esfuerzos. Él era un líder que merecía amor y respeto. Vio la oportunidad de hacer algo noble y de profundas consecuencias y lo hizo. Motivó a miles de personas a orar que Dios pudiera abrir puertas para enviar auxilio a la gente necesitada.

3. *Escuchar las críticas.* Los líderes deben aceptar la responsabilidad de escuchar las críticas de su gente. "El necio desdeña la corrección de su padre; el que la acepta demuestra prudencia" (Proverbio 15:5), pero "para el que aborrece la corrección, la muerte" (versículo 10). Hay esperanza para la gente que toma su medicamento. Pero si la gente está enferma, visita al médico, obtiene el medicamento y luego se niega a tomarlo, bien podrían haber evitado todo el proceso. Salomón agrega luego: "Atiende al consejo y acepta la

corrección, y llegarás a ser sabio" (Proverbio 19:20).

Por toda la Biblia, vemos cuán valioso es cuando un líder tiene un espíritu que ansía aprender. Pero con demasiada frecuencia vemos la imagen de gente que se cierra a los consejos y que va camino a la ruina. Si vemos esto en un líder, podemos abandonarlo, y con justa razón. Dios no nos ha dado la vida para que nos pasemos yendo en la dirección equivocada, haciendo cosas incorrectas, bajo el liderazgo de una persona que no presta atención a la crítica sabia y constructiva.

4. *Ser honestos.* Los líderes deben aceptar la responsabilidad de mantener las cosas abiertas y sobre la mesa. A través de los años en el plano internacional, hemos visto a corporaciones gigantescas que son reprendidas por haber aceptado soborno. Vemos este mismo problema a nivel nacional cuando se exponen los pecados de los líderes. Salomón habló sobre esto: "La boca del necio es su perdición; sus labios son para él una trampa mortal" (Proverbio 18:7). Un líder tiene que decir la verdad. Se dice que uno de los grandes reyes de Francia dijo: "Si la verdad fuera eliminada del resto del mundo, tendría que ser hallada en el pecho de los príncipes."[3]

Si los líderes no son honestos, su engaño pronto será descubierto, y la moral y la motivación de su gente caerá en picada. Nadie desea ser liderado por un mentiroso. Las personas en sus filas odian que las engañen. Es humillante ser conocido como el miembro de un grupo liderado por un mentiroso. Las mentiras del líder reflejan la integridad de cada una de las personas que integran su equipo. A menudo, los líderes sienten la tentación de mentir para encubrir un error o fracaso. Sin embargo, hacerlo es una locura ya que, tarde o temprano, la mentira saldrá a la luz. Lo mejor que puede hacer un líder es enfrentar el problema de inmediato, pedir el perdón de la gente y aceptar su ayuda para corregir las cosas. Esta es una clara evidencia de que el líder está aceptando la responsabilidad propia de sus acciones.

5. *Ser justos.* Los líderes deben aceptar la responsabilidad de tratar a su gente con justicia. "El Señor aborrece las balanzas adulteradas, pero aprueba las pesas exactas" (Proverbio 11.1). Aparentemente se había diseminado la costumbre de tener diferentes pesas y formas de medir para comprar y vender: Algunas pesas demasiado pesadas y otras demasiado livianas. Sacar ventaja de los incautos es algo que Dios considera una abominación y es un crimen contra la humanidad.

   El dueño de un taller de reparación de vehículos me dijo una vez que una señora le había traído su automóvil para que se lo reparara. Durante años, ella había confiado en un cierto mecánico que le mantenía el automóvil en buen estado de funcionamiento. Un día, ese hombre le hizo deliberadamente algo al motor para que no funcionara bien. Luego le dijo que le tenía que hacer un arreglo importante al motor. A través de una serie de circunstancias, la mujer descubrió lo que él había hecho. Estaba enojada por lo que él había hecho para tratar de extraerle dinero, pero además estaba profundamente dolorida de que aquel

> hombre en el que ella había confiado durante años hubiera tratado de engañarla. La confianza que ella había depositado en él había sido violada. Ella había confiado en su juicio y había creído en su palabra. Y él, a propósito, había sacado ventaja de esa confianza para usarla para su propia ganancia. La gente pone su confianza en un líder de la misma manera en que esta mujer la había puesto en el mecánico. Y, como esta mujer, los seguidores, cuando son traicionados, se vuelcan a otro líder.

Si cualquier líder ha de ganarse seguidores, él o ella tienen que aceptar responsabilidad. Ese es uno de los requisitos del liderazgo. Un día, muchos años atrás, me llamó la atención un cartel que estaba colgado de la pared de una estación de autobuses en Manila. Decía: "El superintendente de Manila se hace responsable de todo lo que ocurra o no ocurra en la estación de autobuses de Manila". ¡Eso es lo que yo llamo responsabilidad! ¿Le gustaría que lo consideraran responsable de todo lo que *no ocurre* en la estación de autobuses de Manila? Pero yo sabía lo que él quería decir y estaba plenamente de acuerdo con él. Si hubiera podido encontrarlo, le habría dado la mano y lo habría felicitado.

Los líderes tienen que elegir. Pueden aceptar responsabilidad, como lo hizo el superintendente de la estación de autobuses de Manila, o pueden poner la culpa afuera.

¿Qué clase de líder es usted? ¿Está preparado para luchar con su tendencia natural a justificarse a sí mismo y culpar a los demás? ¿Confía en que Dios y su Palabra lo ayudarán a superar los engaños de su propio corazón? ¿Está prestando atención a lo que Dios le dice?

Dios considera responsables a sus líderes. Si usted desea ir al frente de la banda, ¡tiene que afrontar las consecuencias!

NOTAS:

1. "President Jimmy Carter's Address to the Nation on the Attempt to Rescue American Hostages in Iran, April 25, 1980," *The 1980s*, eds. Elin Woodger y David F. Burg (New York: Facts on File, 2006), 352.
2. "Skylab's Fiery Fall," *TIME*, 16 de julio de 1979, www.time.com/time/magazine/article/0,9171,920502,00.html.
3. Luis IX, citado en *Commentary on the Old Testament*, ed. D. D. Whedon, vol. 6, *Job, Proverbs, Ecclesiastes, and Solomon's Song*, W. Hunter (New York: Phillips & Hunt, 1881), 404.

CAPÍTULO DOS

SEA UN LÍDER EN CRECIMIENTO

Los líderes tienen que estar seguros de estar siempre creciendo. El crecimiento continuo es una de las claves del liderazgo efectivo, y Dios es la clave para crecer. Sin embargo, existen ciertas cosas que los líderes pueden llevar a cabo para activar el proceso de crecimiento.

Una de las claves para el crecimiento de los líderes es la Palabra de Dios (Hechos 20:32). Pero para crecer gracias a ella, tenemos que dedicarle tiempo. Como dijo Salomón: "Más vale adquirir sabiduría que oro; más vale adquirir inteligencia que plata" (Proverbio 16:16). Note que no sólo vale, sino que vale más. Es como tratar de comparar un bebedero con las cataratas del Iguazú. Pero piensen un momento: si yo les preguntara a un grupo de cristianos qué es lo que preferirían: tener la oportunidad de pasarse una hora llenando una cesta con oro y plata o leyendo la Palabra de Dios, ¿cuál piensa que elegirían? En miles de hogares, jamás abren el Libro que contiene la sabiduría de Dios y el correcto entendimiento de la vida.

¿No sería maravilloso ver que la gente tuviera más hambre por la Palabra de Dios que por los tesoros de la tierra? Ambas cosas son dones de Dios, pero tendríamos que preferir muchísimo más el don de la gracia y la sabiduría de Dios. La gracia implica lo eterno. Los tesoros de la tierra son pasajeros. Miles luchan y codician las riquezas del mundo y jamás las obtienen. (Véase Proverbios 23:4-5.) Se pasan la vida frustrados.

Pero los dones de la gracia y la sabiduría de Dios jamás son negados. El hombre o la mujer que los busca, los halla. Al que golpea la puerta, se le abre. El que pide, recibe. La frustración da lugar a la satisfacción. El alma está en paz. La mente está iluminada y el espíritu está motivado por las verdades celestiales. Cambiar todo esto por el guisado de Esaú es locura. Sin embargo, muchos lo hacen.

Los líderes sienten la tentación de dar su vida por las cosas temporales, y tienen que prestar atención a las advertencias de Jesús: "El que recibió la semilla que cayó entre espinos es el que oye la palabra, pero las preocupaciones de esta vida y el engaño de las riquezas la ahogan, de modo que ésta no llega a dar fruto" (Mateo 13:22). Las inquietudes de esta vida pueden robarle energía a los líderes. El engaño de las riquezas y el deseo de gloria los puede desviar de su camino. El deseo de ganancia personal y poder está presente. Y demasiados sucumben a su seducción.

De vez en cuando vemos la caída de cristianos que creíamos que eran robles macizos en el reino de Dios. ¿Qué yace detrás de su fracaso? Muchas cosas, pero sin duda una en especial. En algún momento de su vida, ellos fueron desviados de las disciplinas que estimulan el crecimiento personal. Y cuando eso comenzó a ocurrir, los astutos entre sus seguidores se sintieron devastados, se destrozó su moral y fue derribada su motivación.

Una vez, en un viaje de avión, me puse a conversar sobre esto con un joven ejecutivo. Me contó los problemas que estaba enfrentando su compañía. La distribución de los productos estaba retrasada. Había hostilidad entre los empleados y algunos, enojados, habían renunciado. El negocio era un caos y la moral de la compañía estaba por el piso. Le pregunté al joven ejecutivo cuál era la verdadera causa del problema y cuál pensaba él que sería la solución. Sus palabras fueron claras y precisas: "Nuestro problema es de liderazgo. El hombre que está a cargo de todo no ha crecido al mismo ritmo que el trabajo. Cuando vino a trabajar con nosotros, todo marchaba bien. Era muy competente. Ahora, el negocio ha crecido dramáticamente y la producción es altísima. Pero él está estancado. Tenemos que reemplazarlo."

Para evitar esta clase de problemas, los líderes tienen que continuar creciendo en su vida personal y espiritual, y en su capacidad para desempeñar su trabajo. Recuerdo estar en una reunión con Dawson Trotman, el fundador de Los Navegantes, poco tiempo antes de su fallecimiento. Entró feliz en la habitación con una sonrisa en sus labios y chispas en los ojos. "Permítanme compartir con ustedes un versículo que Dios me dio esta mañana durante mi momento de devoción. No entiendo cómo pude vivir todos estos años sin tener este precioso versículo escrito en la tableta de mi corazón." Me sentí muy estimulado. Aquí estaba nuestro líder aún sentando un ejemplo del crecimiento espiritual. Cosas simples como ésta motivan a la gente y les levantan el ánimo.

El crecimiento no es una opción. Es un deber. Las cosas que aprendí en mi primer año como cristiano siguen aún vigentes. Todavía necesito orar, pero durante más tiempo y con mayor intensidad y comprensión. Todavía tengo que obedecer la dirección de Dios. Rápida y completamente. Esos son los factores del crecimiento. Las cosas básicas son lo básico, y jamás nos graduamos. La oración matutina y la lectura de la Biblia no son optativas. Es algo requerido. El memorizar las Escrituras y meditar en la Palabra siguen siendo algo vital para el desarrollo cristiano. Y cuando el pueblo de Dios ve que su líder deja de hacer estas cosas, decae su confianza. Disminuye su lealtad. La confusión reemplaza a la motivación. El letargo reemplaza a la moral y la empresa comienza a morir.

Algunos años atrás, estaba caminando con un líder de una misión cristiana. Él se quejaba de que los hombres de su equipo no lo estaban siguiendo. Algunos no venían a las reuniones. No lo escuchaban. Incluso en las discusiones espirituales, los hombres parecían indiferentes a sus comentarios. Habían tratado de llevar adelante un estudio bíblico, pero los hombres comenzaron a llegar tarde con su estudio a medio hacer, o directamente no venían. Yo me concentré en ese último punto —el estudio bíblico— porque las cosas básicas siguen siendo lo básico. Le pregunté cuánto tiempo les había sugerido como mínimo para la preparación del estudio.

—Dos horas, —dijo.

—¿Cuánto tiempo le dedica usted al suyo? —le pregunté—.

—Dos horas —me respondió.

—Usted no está creciendo, —le dije—. ¡Estaba haciendo eso mismo diez años atrás!

Luego lo desafié a duplicar el tiempo que había establecido como mínimo para la preparación del estudio de la Biblia. Aceptó el reto y comenzó a duplicar y, a veces, a triplicar las horas que invertía en la Palabra. Los hombres percibieron la diferencia, y su respeto y dedicación a su liderazgo cambió radicalmente. Cuando lo visite un año después, encontré un grupo de hombres consagrados a la tarea; su moral era alta. El crecimiento espiritual personal del líder había sido la clave de su cambio.

LOS ENEMIGOS DEL CRECIMIENTO

1. *El orgullo.* Salomón escribió: "Al orgullo le sigue la destrucción; a la altanería, el fracaso" (Proverbio 16:18). La persona orgullosa será

derribada. No es una cuestión de *si*, sino de *cuando*. Ocurrirá por su propio arrepentimiento o por el juicio de Dios sobre un espíritu henchido y altanero. Nabucodonosor aprendió a la fuerza que el orgullo precede a la destrucción. Se nos dice que:

> … al instante se cumplió lo anunciado a Nabucodonosor. Lo separaron de la gente, y comió pasto como el ganado. Su cuerpo se empapó con el rocío del cielo, y hasta el pelo y las uñas le crecieron como plumas y garras de águila. (Daniel 4:33)

Él era un líder poderoso de vastos ejércitos y una multitud de gente. Sin embargo, su orgullo fue derrota. Dios va a lidiar con los líderes que se nieguen a darle la gloria a Aquél a quien le pertenece. Bien sabe él cómo recordarnos que "tenemos este tesoro en vasijas de barro para que se vea que tan sublime poder viene de Dios y no de nosotros" (2 Corintios 4:7).

Uno de los mayores peligros del orgullo es que implica un exceso de confianza que, a la vez, genera una actitud negligente hacia las realidades espirituales. Cuando los líderes comienzan a depositar su confianza en ellos mismos, están al borde del precipicio. Su confianza no ha de estar depositada en los dones y habilidades que Dios les ha otorgado. Sí, tal vez tengan una atractiva personalidad, la capacidad de comunicarse y ganarse la lealtad y el afecto de los demás. ¿Pero dónde obtuvieron estas cosas? La Biblia es clara. "¿Quién te distingue de los demás? ¿Qué tienes que no hayas recibido? Y si lo recibiste, ¿por qué presumes como si no te lo hubieran dado? (1 Corintios 4:7)

Una vez me pidieron que condujera una conferencia sobre el discipulado durante un fin de semana en una iglesia vibrante y floreciente. Me sorprendí cuando me enteré que apenas unos pocos años antes, esa iglesia había estado prácticamente muerta. Muchos de los miembros de la congregación se habían marchado para unirse a otras iglesias evangélicas de la zona. El problema era el pastor. Dado que no era un hombre dado a la oración, no podía comunicar a la congregación los principios que la ayudarían a convertirse en hombres y mujeres de oración. Su falta de profundidad en la Palabra se evidenciaba en los sermones superficiales y en su inhabilidad de enseñarle a la congregación cómo realizar un estudio bíblico personal.

Por fin, desesperada, la congregación despidió al pastor y comenzó a buscar otro. Pronto encontraron al hombre que poseía las cualidades que ellos buscaban. No, no era un predicador elocuente y tampoco un maestro demasiado bueno. No era siquiera un buen consejero. Pero una cosa que poseía era un amor profundo, intenso y sincero por Jesucristo que emanaba de su vida de devoción personal con el Señor. Era un hombre que oraba durante muchas horas y que se deleitaba en la Palabra que nutría su alma. Al poco tiempo de llegar, comenzó a producirse un cambio impresionante. La congregación comenzó a crecer, tanto en profundidad personal como en número. Algunos de los que se habían marchado de la iglesia, regresaron. Miembros de la congregación comenzaron a ganar gente para Cristo y la trajeron a la vida de la iglesia. Las reuniones de oración estaban muy concurridas y, cuando la gente convirtió la oración en una prioridad, se inició una verdadera obra para Dios.

Una iglesia moribunda y desmoralizada volvió a la vida gracias a un humilde pastor. ¿Cuál fue su secreto? Que un hombre de Dios estaba al timón. Él dependía enteramente de Dios y condujo a la gente a una comunión dinámica con el Señor mismo. El antiguo pastor confiaba en él mismo más que en arraigar su ministerio en la oración y la dependencia de Dios. Pero un hombre que se caracteriza por depender con humildad de Dios es un catalizador que utiliza el Espíritu Santo para llevar a la gente hacia el gozo, la devoción por Dios y el deseo de ganar a otros para Cristo.

En su mente, imagínese un espíritu altanero como si fuera un general liderando a un enorme ejército hacia el borde de la ruina. ¿Quiénes ve que lo siguen? La destrucción, la bancarrota, la derrota, la devastación, la aniquilación, las catástrofes, la ruina y otras cosas semejantes. Y éstas no son sólo palabras de un diccionario de sinónimos. El desfile que está liderado por el orgullo y un espíritu altanero se compone de tales cosas. Siempre. En todas partes. El orgullo y la vergüenza están encadenados con grilletes que nadie puede romper más que Dios. Y Dios los rompe cuando ve que hay arrepentimiento.

Otro problema importante con el orgullo es que está en conflicto directo con el primero de los principios de la sabiduría, que es el temor a Dios. Además, el orgullo resiste el gran mandamiento de Dios de amarlo a él y a nuestros semejantes. Esto coloca a las personas orgullosas en una situación insostenible. Ellas están en conflicto con sí mismas, en desacuerdo con sus semejantes, y resisten a Dios. "El Señor aborrece a los arrogantes. Una cosa es segura: no quedarán impunes (Proverbio 16:5).

Si los líderes comienzan a pensar que son más de lo que son, ellos y la gente que está a su alrededor se encontrarán pronto en problemas. Si llegan al punto en el que comienzan a dejar de lado a Dios y colocan su confianza en ellos mismos, se detendrá su crecimiento y comenzará un deterioro espiritual. Y cuando la gente vea lo que les está sucediendo a sus líderes, perderán el entusiasmo por la obra de Dios. Recuerden las palabras de Cristo:

> Permanezcan en mí, y yo permaneceré en ustedes. Así como ninguna rama puede dar fruto por sí misma,

> sino que tiene que permanecer en la vid, así tampoco ustedes pueden dar fruto si no permanecen en mí. Yo soy la vid y ustedes son las ramas. El que permanece en mí, como yo en él, dará mucho fruto; separados de mí no pueden ustedes hacer nada. (Juan 15:4-5)

El alcance y servicio eficaces no son el resultado de un trabajo excesivo, sino de un desborde: el desborde de una vida de íntima comunión con Cristo.

Por cierto, yo soy el primero en admitir que los líderes pueden ser eficaces si aplican los principios que aprendieron de las técnica de autorrealización de L. Ron Hubbard. Pero, en la obra de Dios, esa clase de eficacia no perdura. El autor de un himno de iglesia estaba en lo cierto cuando escribió: "Tu propio brazo te fallará."[4] El profeta Jeremías dijo:

> Así dice el Señor: ¡Maldito el hombre que confía en el hombre! ¡Maldito el que se apoya en su propia fuerza y aparta su corazón del Señor! Será como una zarza en el desierto: no se dará cuenta cuando llegue el bien. Morará en la sequedad del desierto, en tierras de sal, donde nadie habita. Bendito el hombre que confía en el Señor, y pone su confianza en él. Será como un árbol plantado junto al agua, que extiende sus raíces hacia la corriente; no teme que llegue el calor, y sus hojas están siempre verdes. En época de sequía no se angustia, y nunca deja de dar fruto. (Jeremías 17:5-8)

Cuando la vida de un líder comienza a secarse como una zarza en el desierto, la gente que lo sigue hará lo mismo. Nos reproducimos acorde a nuestra especie.

2. *La pereza.* Si los líderes son demasiado perezosos como para orar, estudiar y buscar al Señor, están nuevamente al borde del abismo. Salomón lo dijo con toda claridad: "El que es negligente en su trabajo confraterniza con el que es destructivo" (Proverbio 18:9) La gente holgazana destruye lo que tiene. Dejan que lo que poseen se les escurra de la mano. Echan a volar todos los dones y habilidades que Dios les dio.

Yo observé cómo la pereza se apoderaba de la vida de un joven que tenía gran potencial para Dios. Lo conocí cuando él era un estudiante del seminario y mostraba una promesa inusual. La mayoría de sus profesores tenía grandes expectativas. Su mente aguda, espíritu alegre y talento para comunicarse lo ponía en boca de todos en el seminario. Todos esperaban que llegaría muy lejos. Pero yo no estaba tan seguro. Estaba trabajando con él desde otro ángulo, tratando de ayudarlo a que estableciera la práctica de la oración matutina, la lectura de la Biblia y la meditación devota de la Palabra: las cosas básicas. Sin embargo, él nunca las pudo conquistar. Siempre estaba demasiado cansado como para levantarse de la cama y arrodillarse para orar. Su pereza fue su ruina.

Veinticinco años después, él estaba en esas mismas condiciones. Un hombre que tenía el potencial para alcanzar grandes cosas en el reino de Dios no había logrado avanzar de manera sistemática. Continuaba como pastor de un rebaño de gente inepta y estéril. No habían ganado ni una sola alma para Cristo en años. Las dinámicas del discipulado no formaban parte de su vida diaria. No eran motivados a actuar y su moral estaba por el piso. ¿Cuál era el problema? Un líder perezoso. Las palabras de Salomón son precisas. El líder que es demasiado perezoso como para construir es igualmente destructivo como el que desbarata lo que tiene. Es hermano del que malgasta.

Si un líder abandona sus responsabilidades, causa tanto daño como el que está ocupado haciendo maldades. Ambos son destructores.

En otro proverbio, Salomón habla del peligro de la pereza y de la recompensa de la diligencia: "No te des al sueño, o te quedarás pobre; mantente despierto y tendrás pan de sobra" (Proverbio 20:13). Amar el sueño es abusar de lo que Dios ha ordenado. El sueño sólo tiene que ser usado para prepararnos para un mayor servicio. El sueño tiene que ser nuestro esclavo, no nuestro amo. El que ama dormir se convertirá en un individuo apático, indolente, tibio que de ninguna manera se asemeja a nuestro Señor Jesucristo, quien hizo todas las cosas bien y estaba consumido por su fervor a Dios. A los que abren sus ojos y superan esa pereza que nos acosa a todos se les promete la satisfacción de una vida plena que viene de Cristo, el Pan de Dios. El sueño puede ser una bendición o una maldición.

Un verano visité un Programa de Capacitación de Los Navegantes. Llegué justo a tiempo para el desayuno. Los participantes ya estaban levantados. Habían hecho dos horas de gimnasia, devociones matutinas de lectura de la Biblia y oración y algunas otras tareas tempranas. Busqué con la mirada al director y me dijeron con risa, aunque de una manera un poco cínica, que probablemente estaba durmiendo aún. Ubiqué su cabina y golpeé su puerta. En efecto, cuando abrió la puerta, aún estaba en su bata. Sus ojos estaban entreabiertos, su voz era ronca. Se quedó espantado y desconcertado al verme allí parado. Pasé todo el día con el programa y descubrí que la moral estaba decayendo y que la motivación era débil.

Antes de finalizar el día, tuve la oportunidad de compartir el Proverbio 20:13 con el director. Durante el resto del programa se esforzó por superar su haraganería y, gracias a su diligencia, recuperó el respeto que había perdido.

LOS ALIADOS DEL CRECIMIENTO

1. *La humildad.* "El temor del Señor es corrección y sabiduría; la humildad precede a la honra" (Proverbio 15:33). "Recompensa de la humildad y del temor son las riquezas, la honra y la vida" (Proverbio 22:4). Es evidente según estos versículos que caminar con humildad delante de Dios es algo absolutamente necesario para el crecimiento espiritual. Dicha humildad venera al Señor y obedece su Palabra.

Muchos años atrás, David Limebear, un buen amigo mío de Londres, Inglaterra, estaba de vacaciones haciendo una gira por los Estados Unidos. Mi esposa y yo lo recibimos como invitado en nuestra casa en Colorado Springs. Cierta noche, en una conversación, David nos habló de dos grupos de líderes cristianos que habían influenciado su vida. Se había pasado tres años alrededor del primer grupo. Uno de los individuos de ese grupo tenía un grave problema moral. Otro estaba a punto de dejar a su esposa y su familia. Otro estaba cansado de la vida y estaba contemplando suicidarse. Después de que David dejó este grupo, se unió a otro que era el extremo opuesto. La vida de sus integrantes era un claro reflejo del carácter de Dios, y sus hogares se caracterizaban por su amor y alegría, paciencia y cariño.

Al reflexionar en estos dos grupos, pudo discernir en qué consistía la diferencia. El primer grupo se sentaba y juzgaba la Biblia. Leían sus páginas para criticarlas. El segundo grupo, sin embargo, se había colocado bajo la autoridad de las Escrituras. Obedecían sus enseñanzas y reclamaban sus promesas.

El contraste era extraordinario. Con orgullo, el primer grupo se había propuesto juzgar la Biblia. Con humildad, el segundo grupo amaba la Palabra de Dios y vivía bajo su autoridad. Estaban experimentando la gracia de Dios, y el Señor los estaba honrando. Habían descubierto la vida.

Durante el tiempo que había estado David con el primer grupo, su ánimo había decaído y había perdido toda motivación. Sin embargo, David respondió con entusiasmo al liderazgo del segundo grupo, el cual lo colocó en el sendero del servicio productivo para Cristo.

Como David, la mayoría de la gente responde a los líderes humildes. Están ansiosos de seguir a esa clase de líderes, porque saben que la mano de Dios está sobre ellos. Saben que su caminar con Dios fortalecerá sus convicciones, animará su fe, profundizará su devoción a Cristo y continuarán creciendo.

2. *La piedad.* Una persona que vive en pecado obviamente no está creciendo en la gracia y el conocimiento de Cristo. El crecimiento se produce cuando aprendemos los mandamientos de Dios y, por medio del poder del Espíritu Santo, los aplicamos a nuestra vida. Un salmista dijo: "Te alabaré con integridad de corazón, cuando aprenda tus justos juicios. Tus decretos cumpliré; no me abandones del todo" (Salmos 119:7-8).

La piedad y el crecimiento son tan interdependientes que uno promueve al otro. Son virtudes que van de la mano. Jesús les ordenó a sus seguidores que aprendieran y lo siguieran. Aprender de Cristo es crecer en su semejanza. Seguirlo es vivir una vida piadosa: caminar como él caminó.

"El camino del hombre recto evita el mal; el que quiere salvar su vida, se fija por dónde va" (Proverbio 16:17). Todos los que caminan por las sendas de Dios saben que nos llevan cada vez más cerca de su corazón, su voluntad y su amor. Eso es crecimiento. Esa es la manera de tener más fuerza y estatura en la obra de Dios. El profeta Isaías tiene un comentario interesante y agudo sobre este asunto: "Habrá allí una calzada que será llamada Camino de santidad. No viajarán por ella los impuros, ni transitarán por ella los necios; será sólo para los que siguen el camino" (Isaías 35:8).

¡Vaya promesa! No importa dónde comencemos. Tal vez no tengamos demasiada educación y sólo unas pocas habilidades. Pero si buscamos con presteza la santidad en el camino de Dios, creceremos tanto en sabiduría como en el conocimiento del Señor.

Los líderes que poseen dones pueden comenzar con muchas ventajas sobre los demás. Pero si en algún lugar del camino dejan de practicar la piedad, su crecimiento perderá velocidad y, a la larga, se detendrá por completo. Los líderes tienen que por lo tanto "mantener su camino" y observar atentamente sus deseos interiores y motivaciones. El crecimiento está indiscutiblemente conectado con la piedad. Cuando resguardan su conducta moral y se apartan del mal, los líderes suministran lo necesario para ser bendecidos con crecimiento en la gracia y conocimiento de Cristo.

Si queremos seguir creciendo, la piedad tiene que ser nuestro compromiso para toda la vida. Note este otro comentario de Salomón: "Las canas son una honrosa corona que se obtiene en el camino de la justicia" (Proverbio 16:31). No hay gloria alguna en la persona mayor malvada. Pero la persona que ha andado por el camino de Dios durante muchos años está rodeada de la gloria de Dios. Su sabiduría es el resultado de una mezcla de estudio, aplicación y experiencia.

Cuando lo pensamos bien, lo único que requiere el Señor de los hombres y mujeres mayores es que sean discípulos. Jóvenes o ancianos, los requisitos son los mismos: fidelidad en las cosas básicas: el servicio y la mayordomía, y devoción por Dios.

Años atrás, tuve el privilegio de poder conversar con el doctor Herbert Lockyer. Él estaba por cumplir noventa y tres años. Mi esposa, Virginia, le había preparado una tarta de manzanas y estábamos sentados en la sala disfrutando de la tarta y conversando sobre las cosas del Señor. Cuando recorrí con los ojos la habitación de este santo anciano, vi que en todas partes había evidencias de una vida de crecimiento. Él me mostró cuál era la silla donde oraba por la mañana. Hizo referencia a su reciente estudio bíblico. Sus años eran una corona de gloria, ya que habían sido vividos con rectitud.

Mientras lo escuchaba, recordé nuevamente que la única manera de encontrarnos en el camino de la rectitud es seguir creciendo. Si no lo hacemos, volvemos al sendero del pecado, donde nos quedaremos estancados en medio de la frustración y la culpa.

3. *La prudencia.* "Herencia de los inexpertos es la necedad; corona de los prudentes, el conocimiento" (Proverbio 14:18). Aquí se vinculan la prudencia y el conocimiento. La prudencia es la capacidad de gobernarnos y corregirnos mediante el uso de la razón. Aunque tenga que condimentar mi vida con períodos de entretenimiento y relajación, la corriente principal de mi vida la tengo que vivir entre las cosas que me hacen crecer. Y hacer esto es el simple ejercicio de tomar decisiones prudentes y un buen juicio. "El corazón prudente adquiere conocimiento; los oídos de los sabios procuran hallarlo" (Proverbio 18:15). Note que Salomón agregó los oídos y el corazón. Lo que escuchamos puede entrarnos por una oreja y salir por la otra. Pero cuando se alberga en el corazón, afecta la vida.

La prudencia incluye nuestra actitud hacia el conocimiento. Salomón fue mucho lo que dijo sobre esta actitud: "El corazón entendido va tras el conocimiento; la boca de los necios se nutre de tonterías" (Proverbio 15:14). "El que atiende a la crítica edificante habitará entre los sabios. Rechazar la corrección es despreciarse a sí mismo; atender a la reprensión es ganar entendimiento" (Proverbios 15:31-32).

Apolos es un ejemplo interesante de esta actitud. Se nos dice que era "un hombre ilustrado y convincente en el uso de las Escrituras" (Hechos 18:24). Pero también se nos dice que cuando Priscila y Aquila lo escucharon: "lo tomaron a su cargo y le explicaron con mayor precisión el camino de Dios" (versículo 26). ¡Imagínese! ¡Un predicador enseñado por laicos! Es asombroso que ellos hayan sentido la libertad de *hacerlo*. Es también asombroso que Apolos haya tenido la humildad y prudencia de escucharlos.

Los líderes prudentes prestan atención a lo que les dicen sus seguidores. De hecho, crean una atmósfera de tolerancia en la que la gente tiene la libertad de hablarles y sentirse cómodos. Si un líder hace esto, abre la puerta a un tesoro de información. Esto estimula su crecimiento y le da gran eficacia en su tarea, lo cual, a su vez, ayuda a mantener un nivel más alto de moral y motivación.

En la primavera de 1980, 162 líderes del ministerio de Los Navegantes de todas partes del mundo se reunieron para orar, planificar y reflexionar sobre la dirección que habría de tomar el ministerio en los ochenta. Lorne Sanny, el presidente de Los Navegantes, lideraba las sesiones matutinas. Le hablaba a todo el grupo y luego nos dividíamos en grupos de debate para hablar sobre lo que él había dicho. Los líderes de los grupos tomaban nota de los acuerdos y desacuerdos de cada grupo y se los presentaban a Lorne y su equipo de liderazgo. Después de un cuidadoso análisis de la información que habían recibido, Lorne incorporaba los comentarios y sugerencias de los grupos de debate a la siguiente sesión matutina. La gente estaba encantada de ver que sus sugerencias formaban parte ahora de la estrategia para los ochenta. Era mucho el entusiasmo y, cuando finalizó la conferencia, era evidente que Dios estaba enviando a estos líderes de regreso a los cuatro rincones de la tierra motivados y entregados a la tarea de ayudar a cumplir la Gran Comisión de Cristo.

NOTA:

1. George Duffield Jr.: "Stand Up, Stand Up for Jesus," 1858, Cyber Hymnal, www.cyberhymnal.org/htm/s/t/standufj.htm.

CAPÍTULO TRES

SEA UN LÍDER EJEMPLAR

Algunos años atrás, compré una motosierra. Tenía la esperanza de cortar ramas y troncos para la chimenea. Cuando la traje a casa, la llevé al garaje, la saqué de la caja y la traté de armar. Leí el manual de instrucciones con todo cuidado. Tendría que haber sido relativamente fácil armarla, pero cuanto más leía, tanto más ansioso y confundido me ponía.

La guía para armarla aludía a términos totalmente desconocidos para mí. Por más que lo intenté, no pude entender cómo armarla.

Hoy día, la motosierra está todavía en la caja, desarmada e inservible. Cuando la temperatura baja a los 30 grados Fahrenheit y nieva por primera vez, me encantaría usar la chimenea, pero como no pude entender cómo armar la motosierra, todo está paralizado.

Los infantes de marina de los Estados Unidos tienen un mejor sistema y no dependen de instrucciones escritas solamente. En 1943, me enrolé en el cuerpo de infantes de marina y fui a un campo de entrenamiento básico en San Diego. Después del corte de pelo, el tema de la ropa y unos pocos días de correr y hacer ejercicio, me dieron un rifle. Yo no sabía nada sobre armas de fuego, pero sabía que el cuerpo de infantes de marina pronto me enseñaría a disparar con un cierto grado de exactitud. Yo tenía dieciocho años y pensaba que todo eso era apasionante.

Pero la mañana en que el instructor militar nos anunció que íbamos a aprender a desarmar el rifle, yo estaba aterrorizado. El solo pensamiento de desarmar completamente un rifle y tratar de volver a armarlo me parecía demasiado para mi pobre mente. Junto con todos los demás, comencé a sacar los tornillos y deslizar esto y aquello en diversas direcciones, hasta que tuve frente a mí una montaña de tuercas, tornillos, resortes y extrañas piezas de metal. El instructor militar tuvo mucha paciencia con nosotros y era claro. Meticulosa, lenta y cuidadosamente nos llevó paso a paso por este ejercicio. Nos dijo cómo se llamaba cada pieza y nos mostró dónde calzaba cada una de ellas. No dejó nada librado a la imaginación o el azar. Una y otra vez repasábamos todo el proyecto. A pesar de que la mayoría de los muchachos supo cómo hacerlo rápidamente, yo no era uno de ellos. Me sentía un poco desalentado y comencé a concebir la posibilidad de que jamás podría llegar a ser un infante de marina. Pero el instructor siguió insistiendo y yo también. Después de varias demostraciones y explicaciones paso a paso y metódicas, comencé a entender cómo hacerlo. Pronto supe cómo desarmar la M1 casi tan rápidamente como el resto del grupo. Tuvimos concursos para ver quién lo hacía más rápido y yo comencé a llegar entre los primeros. Estaba feliz.

Luego vino el horror. Ya que podía llegar el momento en que necesitaríamos desarmar el rifle a la noche sin luz, íbamos a tener un concurso de tiempo, pero esta vez con los ojos tapados. ¿Los ojos tapados? Sí, así es. Sin embargo, a esta altura, yo estaba preparado. Hasta tuve visiones de que iba a ganar. Estaba ansioso y entusiasmado. Llegó mi turno y comencé a hacerlo con pasión y confianza.

Aunque no gané, mi desempeño fue bastante bueno.

¿Qué fue lo que hizo que mi derrota con la motosierra y mi victoria con el rifle M1 fueran tan diferentes? Por cierto que no fue la complejidad del problema. La diferencia estribó en el toque personal. En la primera experiencia, tuve un líder que estaba consagrado a enseñarme algo que algún día podría salvarme la vida en un combate. Había una persona presente para ayudarme, para explicar y demostrar el procedimiento de una manera que yo pudiera entenderlo. Eso es exactamente lo que necesita el pueblo de Dios para aprender la vida del discipulado: alguien a su lado que lo ayude y le demuestre cómo vivirla.

LA NECESIDAD DE PERSONAS QUE FORMEN DISCÍPULOS

Cierta vez en que yo estaba hablando en una conferencia de Los Navegantes durante un fin de semana, almorcé con uno de los nuevos miembros de nuestra personal. Se había graduado recientemente del seminario y estaba ansioso por comenzar una vida de fructífero servicio al Señor. Conversamos sobre las necesidades de los cristianos nuevos. Mientras hablábamos, él esbozó un simple diagrama en una tarjeta de tres por cinco pulgadas que tenía en el bolsillo de su camisa. El diagrama ilustraba que hay diferentes etapas en el crecimiento de los cristianos.

Una marca representaba el momento de conversión a Cristo. La siguiente marca representaba el momento en la vida cristiana en el que el individuo se convierte en un discípulo maduro, consagrado y productivo. Me explicó que uno de los problemas que había encontrado en el seminario era que a la mayoría de los estudiantes les enseñaban a dirigir el contenido de sus mensajes a personas que ya eran discípulos maduros. Les enseñaban a presentar los puntos sutiles de la doctrina bíblica y las complejidades de la fe. Pero esa clase de predicación no satisfacía las necesidades de los cristianos nuevos. A ellos hay que mostrarles cómo dominar las cosas básicas que les permitirán convertirse en los discípulos capacitados del Nuevo Testamento de los que hablaba Jesús: gente que está consagrada, que ama a los demás, que continúa en la Palabra y que vive una vida productiva. (Véase Lucas 9:23; Juan 8:31; 13:34-35; 15:8). El miembro de nuestro personal me dijo que él sentía que estos jóvenes que iban a pastorear rebaños suponían demasiado. Suponían que si uno simplemente le *dice* a la gente que ore, la gente sabe lo que tiene que hacer. Que si uno le dice a la gente que dé testimonio, que comienza a hacerlo. Él pensaba que hay que *mostrarle* a la gente cómo hacer estas cosas. Yo estaba de acuerdo con él.

Darle a la gente un libro de 1.600 páginas con letra chica y sin imágenes y suponer que lo van a poder dominar y aplicar sus enseñanzas a su vida es suponer demasiado. A la gente hay que mostrarle cómo hacerlo. Jesús les tuvo que enseñar a sus discípulos cómo orar. De hecho, les dio un modelo (Lucas 11:1-4).

Dawson Trotman entendió la importancia de esto. A menudo nos recordaba que decir no es enseñar y escuchar no es aprender. Nos dio un programa de cinco pasos para ayudar a los cristianos nuevos:

- Decirles qué.
- Decirle por qué.
- Mostrarles cómo.
- Ayudarlos a comenzar.
- Ayudarlos a proseguir.

Y Daws enfatizaba el *mostrar.* "Tómalo de la mano y guíalo por el camino," decía.

LA NECESIDAD DE PAUTAS

Poco tiempo después de haber sido dado de baja del cuerpo de los infantes de marina, me convertí a Cristo. Unos pocos meses después lo conocí a Daws. Bien puede imaginarse usted que esa clase de enseñanza me resultó la más lógica. Recordaba a mi instructor militar con su enseñanza clara e infinita paciencia y pude ver cómo calzaba ese modelo en el contexto de la capacitación espiritual.

Una de las mayores necesidades actuales de la iglesia es la necesidad de pautas. Con demasiada frecuencia los sermones de los pastores están dirigidos a las personas que son discípulos de Cristo. ¿Y qué ocurre con la gente que no ha llegado a ese punto en su crecimiento? ¿Qué pasos se pueden tomar para ayudarlos a estar seguros de su salvación? ¿Para ayudarlos a establecer la práctica de la oración y el estudio bíblico? ¿Para ayudarlos a aprender cómo dar testimonio de Cristo y, a la larga, capacitar a otros en estos vitales asuntos? De alguna manera es necesario satisfacer las necesidades de estos cristianos más jóvenes. Parece obvio que lo que necesitan es una persona que camine a su lado a lo largo de todo esto.

Si una mujer está por confeccionar un vestido, ¿qué es lo primero que hace? Va a la tienda y compra un molde. ¿No es eso acaso lo primero que necesita un cristiano en crecimiento? ¿Un molde? La persona acaba de emerger de la oscuridad a la luz, del poder de Satanás al poder de Dios. Se ha arrepentido de su pecado y ha volcado su fe en Cristo Jesús. El Espíritu de Dios ha obrado un milagro de gracia en su vida y ella está en un mundo enteramente nuevo. "Por lo tanto, si alguno está en Cristo, es una nueva creación. ¡Lo viejo ha pasado, ha llegado ya lo nuevo!" (2 Corintios 5:17). ¿Y ahora qué? ¿Cuál es el primer paso? ¿Hacia dónde se dirige ahora? ¿Qué es lo que necesita?

Lo que necesita, por supuesto, es que alguien le enseñe a caminar. "El que afirma que permanece en él, debe vivir como él vivió" (1

Juan 2:6). Sin embargo, esto no ocurre de manera automática. Las personas tienen que aprender a caminar con Dios. No lo pueden aprender de algún *objeto*, sino de una *persona*. Cuando me senté con mi motosierra, tenía *algo*: una serie de instrucciones. Pero cuando me senté con mi rifle M1, tenía a *alguien*: un líder paciente y dedicado que estaba interesado en mí. Seguro, todas esas cosas que usted ha escuchado acerca de los instructores militares son ciertas. Él era severo. Era exigente. Pero estaba también comprometido a tomar a un grupo de civiles indisciplinados, holgazanes y poco interesados y convertirlos en infantes de marina. Y lo hizo. Él era nuestro modelo de un infante de marina.

¿Por qué piensa que el apóstol Pablo le dijo a Tito que se mostrara como un modelo de buenas obras? ¿Por qué le dijo a Timoteo que fuera un ejemplo de buenas obras? ¿Por qué se dedicó a sentar el ejemplo y mostrarle el camino a los demás? Porque esto es lo primero que necesita la gente.

LA NECESIDAD DE CONTINUOS EJEMPLOS

No son solo los cristianos nuevos los que necesitan un ejemplo que seguir. Todos los cristianos necesitan el ejemplo continuo de una vida piadosa vivida para la gloria de Dios.

Esto es exactamente lo que Jesús hizo para nosotros. "Para esto fueron llamados, porque Cristo sufrió por ustedes, dándoles ejemplo para que sigan sus pasos" (1 Pedro 2:21). Cuando los líderes establecen la clase de ejemplo que nos dio Cristo, ganan nuestro amor y respeto. Cierta vez, en un servicio vespertino de nuestra iglesia, hablé con uno de los ministros, el reverendo Bill Flanagan. Él acababa de regresar de El Paso, Texas, donde él y un grupo de hombres y mujeres jóvenes habían pasado tres semanas ayudando en una iglesia misionera. Habían liderado una escuela bíblica de vacaciones, enseñado la escuela dominical y se habían pasado horas enteras arreglando y pintando la iglesia. Bill se veía cansado y yo le pregunté si se sentía bien. Me dijo que durante esas tres semanas había estado durmiendo sobre el piso de la iglesia con el resto del grupo y que, en el viaje de regreso, no había dormido por veinticuatro horas seguidas. Había pasado por todas esas dificultades junto con los demás y ellos lo amaban por ello. A pesar de las largas horas y los relativos inconvenientes, regresaron a nuestra iglesia llenos de entusiasmo y altamente motivados para la obra de Dios. Estoy seguro de que Bill Flanagan fue uno de los elementos clave de ello.

Bill, que dirigía uno de los ministerios para gente soltera de nuestra iglesia, me pidió hace algunos años que liderara al grupo en una "Jornada de liderazgo". Nos reunimos temprano un sábado por la mañana y continuamos hasta bien entrada la tarde conversando sobre la vida del discipulado. Durante el recreo para almorzar, algunos de los hombres y mujeres se reunieron conmigo y hablamos sobre la dinámica de su grupo, el que era uno de los segmentos de nuestra iglesia más entusiastas y de más rápido crecimiento. Durante la charla, les pregunté a qué se debía eso. La respuesta fue inmediata: la vida y el ejemplo de Bill Flanagan.

"Seguro, es un buen maestro," me aseguraron. "Pero el verdadero secreto es quién él es, no lo que dice." Los ojos les brillaban mientras me relataban varios ejemplos de su devoción a Cristo y su compromiso con ellos como individuos: cómo estaba disponible de día y de noche, cómo oraba por ellos, era paciente con ellos y los aceptaba en su vida. En una cierta época, Bill había sido el director de educación cristiana de toda nuestra iglesia, pero había renunciado a su puesto para dirigir al grupo de solteros y entregarse de cuerpo y alma a ellos. El grupo lo sabía y lo amaban por ello. Para Bill, esta era una tarea exigente: largas horas y muchas horas de consejería por semana. El espíritu alegre de Bill reflejaba el gozo del Espíritu Santo en su vida.

El ejemplo de Bill a los solteros de nuestra iglesia demuestra la verdad que encontramos en "Gran remedio es el corazón alegre, pero el ánimo decaído seca los huesos" (Proverbio 17:22). Piensen en esto. Si durante el viaje a El Paso, Bill hubiera dormido sobre el piso, pasado días sin dormir y se hubiera quejado día y noche por ello, ¿qué impacto habría eso tenido en la gente que estaba con él? Obviamente, su motivación y moral habría estado por el piso. El quejarse y rezongar genera más de lo mismo, de la misma manera que un espíritu alegre produce un corazón agradecido.

Una mañana fría e invernal, salí de casa con una mala actitud. El perro del vecino no me había dejado dormir durante casi toda la noche. Tenía hambre y frío. Realmente no deseaba ir a la reunión de oración de las seis y media de la mañana del equipo de Lorne Sanny. Cuando llegué, estaba taciturno y de mal humor. Al rato llegó Lorne. Nos dijo cómo le había hablado el Señor recientemente a través de su Palabra sobre la importancia de un espíritu alegre y un corazón lleno de agradecimiento. Nos sugirió que citáramos algunos versículos sobre esos temas. Comenzó citando tres o cuatro de los que habían tenido un gran efecto en su vida. No sólo citó versículos sobre la alegría y el agradecimiento, sino que comunicó esas cualidades mediante los ojos, la sonrisa en sus labios y la paz que irradiaba su rostro. Me sentí desafiado, pero permanecí en silencio. George Sánchez, Jack Mayhall y Donald McGilchrist compartieron unos pocos versículos y conversaron sobre lo que implicaban esos pasajes.

Pronto mi corazón comenzó a ablandarse. Todo eso me condenaba, pero sobre todo lo que Lorne comunicaba mediante su semblante y actitud. Salomón escribió: "El hierro se afila con el hierro, y el hombre en el trato con el hombre" (Proverbio 27:17). Esa mañana, yo experimenté la filosa influencia del ejemplo de Lorne, y Dios lo usó para ayudarme en una de las mayores necesidades de mi vida.

Si un líder recuerda esta verdad, los que trabajan con él o ella serán afectados y esto mejorará su propia productividad para el Señor. Como resultado del ejemplo de Lorne en esa reunión temprana de oración, noto un definitivo cambio en mi propia vida: me doy cuenta de que tiendo a mirar más el lado positivo de las cosas. Esto, por supuesto, contribuye a mi testimonio de Cristo. Es difícil hablarles a los demás acerca de una vida de alegría y victoria en Cristo si vivo derrotado en un área crucial de mi propia vida. Lo único que necesitamos todos nosotros es el ejemplo continuo de una vida piadosa.

EL DESAFÍO SUMADO AL SABER

En un buen ejemplo hay poder. Podemos aprender cosas que jamás habíamos soñado posibles cuando *alguien nos muestra cómo hacerlas.* El profesor Sid Buzzell del departamento de educación cristiana del Seminario Teológico de Dallas, me pidió una vez que enseñara un breve curso sobre el liderazgo. Durante una de las clases, pregunté si había alguna muchacha en el grupo que nunca había hecho el nudo de una corbata. Uno joven levantó la mano. Dejé el estrado y caminé hacia ella. Le pedí que escuchara con atención mientras le explicaba ese simple proceso.

"Primero, colócate la corbata sobre el cuello con el extremo más ancho sobre la derecha. Luego tira del extremo ancho hasta que esté por debajo del extremo angosto. Luego pasa la parte ancha a través del espacio que queda entre tu muñeca izquierda y el extremo angosto y tírala por encima, asegurándote de mantener agarrado el lugar donde se unen el extremo angosto y la parte superior del extremo ancho. Luego tira el extremo ancho hacia abajo pasándolo por la V que forman los dos extremos. Luego, nuevamente tira el extremo ancho por encima del punto donde tu pulgar y dedo índice están tomando la parte superior de los dos extremos, empújalo hacia arriba por la V, luego hacia abajo por el nudo, luego estíralo todo lo que puedas y endereza el nudo."

Después de esta clara y precisa explicación de una simple acto, le pregunté si podía anudar una corbata. Estaba totalmente confundida.

Ahora permítame que le haga una pregunta. Qué es más fácil aprender: ¿Cómo vivir como discípulo de Cristo y enseñarles a los demás cómo hacerlo o cómo hacer un nudo de corbata? Obviamente, es mucho más fácil aprender a hacer el nudo de una corbata. Pero incluso eso requiere una simple demostración además de una explicación. En diez minutos le podría haber mostrado a la joven cómo hacerlo. Le habría dado una corbata a ella y yo habría tenido una también. Nos habríamos parado delante de un espejo y la habría guiado por el proceso una docena de veces. En efecto, esa es la manera en que se lo enseñé a mi hijo Randy. Pero fue necesario algo más que una simple explicación verbal. Tuve que hacerlo con él, paso a paso.

Los desafíos sin el saber suelen llevar a la derrota, y la derrota ocasiona desaliento. Una y otra vez, los cristianos nuevos están desafiados a ser testigos, orar, estudiar la Biblia y demás. Y una y otra vez, lo intentan y fracasan. ¿Por qué? Porque no hay nadie que les muestre cómo hacerlo. Pero he visto a miles de personas ganadas a Cristo por colegas míos que comenzaron a llevarlas *paso a paso* por la vida del discipulado. Y rápidamente, los nuevos cristianos lo aprendieron. Observaron, escucharon, lo probaron y aprendieron.

Así como la derrota nos desalienta, la victoria nos motiva. Si los líderes se tomaran el tiempo de llevar a la gente paso a paso por el discipulado, tendrían un grupo de gente feliz, productiva y motivada que traería gloria a Dios y bendición a todos los que los rodean.

CAPÍTULO CUATRO

SEA UN LÍDER QUE INSPIRA

Aun antes de aproximarme a la puerta de la barbería, supe que algo había cambiado. Como siempre, la radio estaba encendida, pero ya no se escuchaban las tonadas country de la estación local. En su lugar había una banda de música que sonaba como el choque de miles de graznidos y cientos de latas vacías. Eldon, mi barbero desde hacía diez años, no estaba en ninguna parte. En cambio, había un joven con vaqueros y una camiseta y una joven con una falda larga y amplia, una blusa bordada y sandalias. Después de un rato, me llamó: "Es su turno."

Cuando me senté, me preguntó qué corte de pelo deseaba. Le grité por encima del ruido que sólo quería que me lo recortara un poco y que no me dejara mucho pelo en los lados. No quería patillas. Un buen corte a la antigua. Parecía un poco confundida, pero comenzó. Podía darme cuenta de que jamás había hecho ese corte antes. Me dio una especie de corte que ella conocía, aunque algo modificado. Pensé que tal vez no me había escuchado por el alto volumen de la radio, pero no le dije nada.

Después de que me cortó el pelo un rato, Eldon entró y se

aproximó a mi silla. Era obvio que no me estaban dando el corte de pelo usual. Le gritó a la joven que le iba a mostrar lo que yo deseaba. Elevó la silla a su altura, encendió la máquina de cortar el pelo y comenzó. La joven miraba con espanto. Eldon cortó completamente el pelo alrededor de mis orejas. Después sacó más pelo de la parte de arriba, explicándole cada movimiento a medida que avanzaba. Finalmente se detuvo, miró a la joven y le sugirió que terminara. Ella sonrió y le dijo: "Está bien." Le preguntó cómo volver a bajar la silla a su nivel, y una vez que me bajó al lugar en donde podía alcanzarme, me dio el recorte final. Con algo de ayuda de Eldon, terminó haciendo un trabajo bastante bueno.

El episodio me enseñó una lección. No importa qué cantidad de años hayamos ido a la academia de belleza, nada nos puede preparar para cada cliente. A veces un barbero o peluquero se encuentra en una situación en la que necesita ayuda.

Lo mismo ocurre en la vida y ministerio cristianos. Los líderes necesitan asegurarse de que la gente a su cargo continúe creciendo. El *cristiano nuevo* necesita la leche pura de la Palabra, mucho amor, protección, la sensación de pertenecer a la familia de Cristo, capacitación en cómo andar y hablar, y demás. El *discípulo en crecimiento* necesita la disciplina de los momentos de devoción diarios, un constante estudio de la Biblia y memorización de las Escrituras y ayuda para aprender a ser testigo y dar testimonio. Esta persona necesita además que le enseñen el estilo de vida de servicio a los demás.

El *trabajador incipiente* necesita afianzarse en las grandes doctrinas de la fe, profundizar su vida de consagración y santidad y refinar sus habilidades para ministrar. Necesita también un compromiso firme al señorío de Cristo y una visión clara del valor y potencial de cada individuo. Por último, el *líder potencial* necesita una capacitación especial para prepararlo para los rigores del liderazgo independiente.

Si estos grupos de personas —los cristianos nuevos, los discípulos en crecimiento, los trabajadores incipientes y los líderes potenciales— sienten que están bajo el cuidado de gente comprometida a ayudarlos crecer y desarrollarse, su moral y motivación serán altos.

En una reunión de doscientos jóvenes líderes, entrevisté alrededor de la mitad. Una de las preguntas que les hice era: "¿Por qué sigues al hombre que encabeza la misión en tu área?" Tres fueron las respuestas más frecuentes.

- La *visión* que el hombre les impartía. Les había comunicado un plan apasionante por medio del cual su vida cobraría sentido.
- La *disponibilidad* del líder. Cuando los jóvenes necesitaban un consejo o ayuda, el líder estaba disponible para ayudarlos.
- La *dedicación* del líder. Una abrumadora cantidad de esos jóvenes dijo que la razón por la que habían seguido al líder en su área era porque sabían que estaba entregado a ayudarlos crecer y desarrollarse como personas y en su vida espiritual. Y eso fue lo que los mantuvo involucrados con gozo en la tarea. Su motivación era el resultado de tener la profunda convicción de que no los estaban usando sino, por el contrario, los estaban ayudando y nutriendo y convirtiendo en mejores seres humanos. El líder estaba entregado a ellos de manera incondicional.

Estaba entregado al bienestar de los jóvenes, no a su propio bienestar; entregado al crecimiento de ellos, no a su codicia o gloria personal; entregado a ellos, no a la tarea. Y porque ellos lo sabían, marchaban juntos con alegría a la batalla espiritual para ayudar a cumplir la Gran Comisión de Jesucristo.

LAS CUALIDADES DE UN LÍDER

Para mantener un alto grado de motivación y moral, los líderes tienen que cultivar a las personas involucradas con ellos, ayudándolas a alcanzar su máximo potencial. Y existen varias cosas prácticas que los líderes pueden realizar para ayudar a que la gente crezca. Salomón escribió sobre cuatro de las cualidades vitales para un líder.

1. *La honestidad.* Los líderes tienen que ser absolutamente honestos con su gente. "Más vale ser reprendido con franqueza que ser amado en secreto. Más confiable es el amigo que hiere que el enemigo que besa" (Proverbios 27:5-6).

Como ovejas sin un pastor, la gente tiende a deambular. Necesitan toda la ayuda posible para permanecer en el camino correcto. Una de las características de un buen pastor es que cuida a sus ovejas y hace todo lo posible para evitar que coman hierbas venenosas, sean atadas por leones rugientes o se caigan por un precipicio.

La reprimenda tendría que comenzar en ese mismo espíritu de amor y preocupación. Una reprimenda *franca* significa "hablar con completa honestidad sin ninguna traba". Dicha honestidad puede a veces lastimarnos. Sin embargo, estoy seguro de que cualquiera de nosotros preferiría el tratamiento riguroso de un médico que pudiera sanarnos al tratamiento leve de un médico que no nos pudiera sanar. Un amor que es demasiado tímido como para ayudar a un persona a corregir sus faltas no es amor. Un amor que nos hiere es preferible al amor que nos mantiene alejados del Señor. El amor no debe guardar silencio cuando la vida de una persona está en juego. Ésta, por supuesto, es una de las cargas del liderazgo. Pero si la gente sabe que el líder es honesto con ellos y los ayudará cuando lo necesitan, su moral y motivación permanecerán altas y sus vidas se transformarán.

Un verano, visité uno de nuestros programas de capacitación estival en el Campamente Bíblico Maranatha cerca de North Platte, Nebraska. Cuando observé el programa y llegué a conocer a los equipos, me pregunté si el director de nuestro programa se habría equivocado. Uno de los líderes de equipo era un individuo práctico, severo y directo. En su equipo había seis hombres que eran más bien introvertidos. Me temía que este líder los empujaría aún más hacia su interior, así que proyecté hablar con el director del programa para sugerirle un cambio. Sin embargo, no tuve la libertad del Señor de hacerlo. Dejé el programa algo preocupado y resolví que este equipo sería un asunto por el que iba a orar.

Después de unas pocas semanas, regresé al campamento para ver cómo iban las cosas. Ante mi sorpresa, descubrí que el equipo que me había preocupado era el que el director del programa consideraba que tenía la más alta moral y la mejor camaradería. Durante mi estadía, hablé con los seis miembros del equipo y les pregunté si les había gustado el programa y cómo se habían llevado con el líder del equipo. Me dijeron que apreciaban el programa y que se habían llevado muy bien con su líder. Les pregunté por qué lo apreciaban tanto. ¿Qué es lo que había hecho para ganarse su respeto y confianza? Lo que ellos apreciaban era el hecho de que él no se andaba con vueltas. Siempre había sido justo y directo. Los elogiaba con entusiasmo, pero no temía decirles claramente las cosas cuando necesitaban corrección. Para decirlo simplemente, el líder había sido honesto con ellos. Era un equipo alegre y motivado y muy agradecido al Señor por haber tenido el privilegio de ser capacitado por un líder abierto y honesto. "A fin de cuentas, más se aprecia al que reprende que al que adula" (Proverbio 28:23).

2. *La lealtad.* Los líderes tienen que permanecer junto a la persona pase lo que pase. No pueden alejarse cuando la persona fracasa en sus responsabilidades o sufre un revés espiritual. "En todo tiempo ama el amigo; para ayudar en la adversidad nació el hermano" (Proverbio 17:17). Los líderes cuidan y permanecen junto a su gente.

Pasé el verano de 1976 en Washington, D.C. Una de mis responsabilidades era conducir talleres sobre cómo dar testimonio en varias iglesias en el área de Washington y Baltimore. Una de esas iglesias era la Iglesia Bautista Evergreen, una congregación afroamericana, situada en el corazón del centro de D.C. Cuando llegué a la iglesia un lunes por la noche, conversé con un diácono que estaba parado afuera en la acera. Mientras charlábamos, pasó una joven y el diácono la llamó. Le recordó que había esa noche un servicio en la iglesia. Ella explicó que su madre estaba enferma y tenía que cuidarla. Después de una bastante larga conversación con la muchacha, el diácono pareció satisfecho de que ella iba a realmente cuidar a su madre y que no era una simple excusa para no ir a la iglesia. Cuando la joven se alejó, él me miró y me dijo: "Ellos saben que si no vienen a la iglesia, yo voy y los busco."

Eso es lo que yo llamo preocuparse. Ese es el corazón atento de un líder que atiende sus responsabilidades. Él mostraba su preocupación por la gente en su iglesia aun cuando la gente no se preocupara por la iglesia. Los amaba sin importar si hacían el bien o el mal, si vivían victoriosos o en pecado. La adversidad solidifica el amor de un buen líder por su gente en vez de desplazarlo. Cuando los discípulos abandonaron a Jesús y huyeron, ¿los abandonó acaso? Absolutamente no. "Jesús sabía que le había llegado la hora de abandonar este mundo para volver al Padre. Y habiendo amado a los suyos que estaban en el mundo, los amó hasta el fin" (Juan 13:1).

El amor de Jesús por nosotros hoy es igualmente constante. A él lo conmueven nuestras enfermedades. Jesús permanece con nosotros durante el buen tiempo y el malo. Cuando la gente ve que un líder manifiesta este rasgo de Cristo, su lealtad es firme, su compromiso permanece sólido y su moral es alta.

Eso no significa que su compromiso y participación jamás habrán de fallar. Incluso el apóstol Pedro fracasó en un punto de su compromiso de seguir a Cristo. Pero gracias al inquebrantable amor de Cristo, Pedro alcanzó un lugar de lealtad y devoción tan firme que Dios lo pudo usar para alentar a otros en los momentos de prueba. A aquellos que eran falsamente acusados de cometer maldades, les escribió: "Queridos hermanos, no se extrañen del fuego de la prueba que están soportando, como si fuera algo insólito" (1 Pedro 4:12). Pedro llegó al lugar donde pudo seguir a Cristo contra viento y marea, y mantener un espíritu alegre en todo momento. Aun después de haber sido golpeado sin misericordia, Pedro y los otros líderes, "salieron del Consejo, llenos de gozo por haber sido considerados dignos de sufrir afrentas por causa del Nombre" (Hechos 5:41). No vacilaban en su devoción a Aquél que los amaba y había dado su vida por ellos. El ejemplo de Cristo llevó a los apóstoles a responder de la misma manera. Su lealtad era firme, su compromiso, sólido, y su moral permaneció alta.

3. *La generosidad.* Los líderes tendrían que elogiar la tarea bien hecha. Todos necesitamos una palmadita en la espalda de vez en cuando y una palabra de aliento. Pero el elogio puede tener efectos buenos y malos. "En el crisol se prueba la plata; en el horno se prueba el oro; ante las alabanzas, el hombre" (Proverbio 27:21).

La alabanza es lo que prueba el carácter. Si la gente está llena de vanidad, si anhela la gloria y aspira al reconocimiento, las alabanzas no harán más que alimentar la llama de sus debilidades. Por otra parte, si son humildes y sabios, una palabra de elogio puede ser usada por el Señor para estimularlos a realizar un mejor servicio aún para Cristo. Por lo tanto, los líderes tienen que conocer a su gente y tratar a cada uno según sus necesidades individuales.

A medida que la gente asume una mayor responsabilidad de liderazgo, el líder que está capacitando a estas personas debe enseñarles a cuidarse de los peligros de la alabanza y la adulación. Si los líderes jóvenes están haciendo una buena tarea, pueden ser bombardeados despiadadamente por los elogios de la gente. Por lo tanto, tienen que aprender a caminar con mucho cuidado en ese momento y aceptar los comentarios amables con un espíritu de humilde gracia. Pero, en su alma, tienen que evitar que los demás les coloquen siquiera por un momento la corona que sólo Cristo es digno de llevar. Los elogios bien intencionados pero excesivos necesitan ser tratados en el poder del Espíritu Santo. Y nadie lo puede hacer a solas.

Cuando los líderes se esfuerzan por desarrollar la vida de los cristianos que están a su cargo, deben ser gobernados por principios básicos.

- Deben tener cuidado al elogiar. La vanidad no muere fácilmente y los líderes pueden causarles un gran daño a sus hermanos y hermanas sobrecargándolos con alabanzas que no pueden manejar. No es un acto de amor el colocar hermanos o hermanas débiles en un lugar de debilidad.

- Les tendrían que enseñar cómo recibir los elogios por lo que verdaderamente son: un intento honesto de alentar. Pero tendrían que reconocer al mismo tiempo el hecho de que el diablo puede introducir una gota de veneno y dañar terriblemente a los líderes. La alabanza es doblemente difícil de controlar cuando los líderes se han esforzado mucho y dado todo de sí a la tarea.

- Tienen que enseñarles a los demás que son sólo canales. Es Cristo en ellos quien les da fuerza y Cristo a través de ellos quien cumple la tarea.

Así como el oro y la plata son probados en el horno, una persona es probada por la alabanza. Saúl y David pasaron ambos por el crisol de la alabanza. "Al son de liras y panderetas, cantaban y bailaban, y exclamaban con gran regocijo: 'Saúl destruyó a un ejército, ¡pero David aniquiló a diez!'" (1 Samuel 18:7). Más adelante leemos que uno falló y el otro pasó la prueba. Por lo tanto, la alabanza es lo que busca el líder vanidoso y lo que hiere al líder débil. El verdadero carácter de un líder se manifiesta en la manera en que maneja la alabanza.

Una vez estaba caminando con un joven ejecutivo en una gran corporación. Me contó un incidente que había ocurrido en la compañía y el efecto que había tenido esto en su motivación y su moral. Se había quedado trabajando muy tarde una noche y luego había regresado al día siguiente muy temprano. Su caudal de trabajo era enorme y sentía algo de lástima por sí mismo. Alrededor del mediodía, sonó el teléfono. Ante su gran asombro, era el presidente de la corporación. Lo había simplemente llamado para decirle cuánto apreciaba todo lo que él estaba haciendo y para felicitarlo por la excelencia de su labor. La voz del presidente sonaba sincera y él se dio cuenta de que realmente hablaba en serio. El presidente le preguntó acerca de su familia, cómo iba todo en casa, el estado de su salud, y demás. Después de una amable charla, el presidente cortó. Cuando mi amigo me relató la historia, me miró a los ojos y me dijo: "Sabes, realmente amo a ese hombre. Es muy importante que nos den una palmada honesta en la espalda de vez en cuando."

4. *La humildad.* En todos sus esfuerzos, los líderes tienen que recordar que Dios es quien capacita a las personas. "En el crisol se prueba la plata y en el horno se prueba el oro, pero al corazón lo prueba el Señor" (Proverbio 17:3).

Durante varios años, estuve directamente involucrado en los programas de capacitación estival de Los Navegantes. Con oración, planeábamos los programas, seleccionábamos el personal y elegíamos quiénes serían capacitados. Estábamos juntos entre cinco a diez semanas, involucrados en proyectos de trabajo, estudios bíblicos, sesiones de predicación, debates en pequeños grupos y reuniones individuales con los que estábamos capacitando.

En cada uno de los programas, nuestros objetivos eran claros. Un programa estaba concentrado en la evangelización. Otro, en el estudio de la Biblia. Otro ponía su énfasis en las misiones. Y así. Hacia el final de las sesiones, los líderes reuníamos al grupo para compartir un momento de reflexión y testimonio para averiguar qué habían aprendido. Era asombroso ver en muchos de los casos que el mayor beneficio recibido de los programas no estaba para nada relacionado con los diferentes énfasis. Dios les había hablado en sus momentos de devoción o de estudio bíblico y les había cambiado la vida. Aprendimos algo de todo esto: que debemos hacer todo lo posible para desarrollar a las personas, pero siempre tenemos que recordar que el programa de capacitación de Dios corre a la par del nuestro.

En todos los aspectos de la vida, Dios es el que obra en la vida para capacitar a su gente y los líderes deben permitir que Dios haga su tarea. Si un líder observa que alguien en el rebaño está pasando por un momento difícil, existe la tendencia a intervenir y tratar de ayudar a la persona a pasar el difícil trance, o sea, jugar a ser Dios. Esto es un error. La imagen en el Proverbio 17:3 es de un metal en el horno. Si no ingresa el metal al horno, la escoria permanece adherida a él para siempre. El pulido exterior no resuelve el problema. Lo que se necesita es fuego. Ninguna solución leve es suficiente. El mal que acecha en el corazón de la gente tiene que ser sacado a la superficie para luego desecharlo. Los líderes tienen que orar por su gente, entregándola a la ternura, amor y sabiduría de Dios. Y luego los líderes tienen que dejar que Dios haga lo suyo.

LAS PRIORIDADES DE UN LÍDER

Hay dos principios adicionales que son particularmente útiles durante el desarrollo de los líderes.

1. *Elegir con sabiduría.* La clave inicial del desarrollo de potenciales líderes es la cuidadosa selección de la persona correcta. Es una doble tragedia pasar tiempo preparando a una persona para las responsabilidades del liderazgo y luego descubrir que hemos elegido a la persona incorrecta. Sólo tenemos una sola vida para invertir, y dársela a la persona equivocada es una pérdida. Además, tener que ir a una persona y admitir nuestro error y ayudar a redirigir el curso de su vida puede ser devastador. Dado que el corazón de esta persona estaba puesto en ser líder, puede perder la confianza en sí misma, confianza en nuestro liderazgo y confianza en Dios. Podría llevar meses o años sanar las heridas provocadas por esta clase de daño espiritual. Así que elija a la persona con cuidado y oración.

Recuerde, Jesús pasó tiempo en oración antes de elegir a los doce discípulos (Lucas 6:12-13).

En su búsqueda de la persona que habrá de capacitar, tenga

presente que algunas personas responden a instrucción, reprimendas y corrección, mientras que otras no. "No reprendas al insolente, no sea que acabe por odiarte; reprende al sabio, y te amará. Instruye al sabio, y se hará más sabio; enseña al justo, y aumentará su saber" (Proverbios 9:8-9). Algunas personas están listas para recibir ayuda y consejo, y otras no. Pero esto cala aún más profundo: algunas personas tienen la capacidad de ser entrenadas como líderes, mientras que otras no.

2. *Invertir tiempo.* La segunda clave, una vez que hayamos cuidadosamente seleccionado al hombre o mujer que creemos que Dios desea desarrollar como líder, es pasar tiempo a solas con esa persona. "El hierro se afila con el hierro, y el hombre en el trato con el hombre" (Proverbio 27:17). Esta es una imagen vívida del que fue criado en una granja.

Aún puedo ver a mi papá de pie con su lima de hierro bien templado afilando la azada, la guadaña, el cuchillo y la pala de mango largo. Y en esto veo una excelente imagen del intenso contacto personal que se necesita para preparar a los líderes potenciales para que realicen su tarea.

Hace algunos años, tuve el privilegio de estar bajo la tutela de uno de los líderes cristianos más productivo de los Estados Unidos. Un día estábamos andando juntos en el automóvil. Yo comencé a criticar a un grupo de cristianos y un proyecto en el que estaban involucrados. Había escuchado hablar de sus esfuerzos y sólo estaba repitiendo como un loro lo que había oído. Dick se quedó callado por un momento, luego me miró y comenzó a hacerme algunas preguntas incisivas: "¿Cuánto sabes realmente al respecto? ¿Es tu información de primera fuente o de segunda? ¿Tienes todos los hechos? Por ejemplo, ¿sabes esto? ¿Y esto?"

Comencé a sentirme incómodo y estoy seguro de que me puse rojo de vergüenza. Cuando traté de eludir la situación, me obligó a ser honesto. Después de haberme comportado como un tonto, él se tomó unos minutos para contarme la verdad del asunto. Luego abrió la Biblia y me compartió lo que decían las Escrituras sobre mis acciones. Yo sentía un gran desasosiego, pero había aprendido una valiosa lección que me había dado más sabiduría. Dios usó ese incidente, junto con otros durante ese verano, para limar algunas de las asperezas de mi vida.

Es posible que usted esté diciendo: "Pero yo no soy un individuo agudo. ¿Puede Dios usarme para afilar a otros?" ¡Por supuesto que sí! Pero primero lo tiene que afilar a usted. Una de las maneras en que lo hace es a través de la gente. Conviértase en un estudiante de hombres y mujeres que usa el Señor. Aprenderá más estudiando a la gente que estudiando libros. Aprenda cómo hacer preguntas. Pídale a la gente que venga a cenar, invítela a almorzar, a jugar al golf o al tenis. Pase tiempo con la gente y estúdiela. Aprenda mediante la observación. El Espíritu de Dios usará a los demás para templarlo y fortalecerlo y para convertirlo en un gran instrumento de afilar.

Dios les da a los líderes la responsabilidad de desarrollar a la gente a su cargo. Sin excepción alguna, cada persona que está a cargo de un líder necesita un mayor desarrollo y capacitación. Cada uno ha recibido un don de Dios: un don que el Espíritu de Dios usa para enriquecer y profundizar la vida de los demás, que sirve para edificar el cuerpo de Cristo.

CAPÍTULO CINCO

SEA UN LÍDER EFICIENTE

El año pasado, después de nuestra primer tormenta de nieve, decidí que necesitaba un pulóver nuevo. Ya que mi pulóver azul tenía agujeros en los codos, y el marrón se había encogido, era tiempo de encontrar un buen pulóver abrigado que me ayudara a pasar el invierno.

Cuando llegué al centro, vi que una de nuestras mejores tiendas y la más antigua estaba de gran liquidación. Pero más que eso: la tienda iba a cerrar.

Mientras miraba los pulóveres que tenían, uno de los vendedores se me acercó y comenzó a charlar conmigo. Le expresé mi sorpresa de que la tienda cerrara y le pregunté cuál era la razón. Me miró con una triste sonrisa y sólo dijo dos palabras: "Mala administración".

He escuchado tantas veces esa mismas palabras. El mal manejo es uno de esos problemas ocultos que generalmente salen a la superficie cuando ya es demasiado tarde como para hacer algo al respecto. Sin embargo, los líderes pueden evitar tales problemas conociendo y aplicando los principios clave de una buena administración.

Lorne Sanny es el que primero compartió esas claves conmigo.

Conozco su valor en el ministerio internacional de Los Navegantes. Miremos esos principios desde el contexto de las Escrituras.

RECIBIR DIRECCIÓN

El primer paso de un líder es obtener una clara señal de Dios de lo que él desea que se haga. Si el líder está haciendo la voluntad de Dios, de la manera en que Dios desea que se haga y dónde desea que se haga, el líder se sentirá motivado a realizar la tarea. La conciencia de que está involucrado en la voluntad de Dios puede tener un efecto electrizante en el alma y el espíritu del líder.

Años atrás, yo estaba hablando con un hombre que había participado de la obra cristiana durante varios años. Su ánimo había decaído completamente y también su motivación. Había estado en medio de un importante programa, trabajando de día y de noche. Lentamente, había comenzado a darse cuenta de que a pesar de todo el ruido de la maquinaria de la iglesia que funcionaba a lo largo de toda la semana, era muy poco lo que se estaba produciendo realmente para el reino de Dios. Durante meses, él había sido arrastrado por un ritmo frenético.

Mientras hablaba, comenzó a expresar sus más profundos sentimientos interiores. Estaba repleto de dudas e incertidumbres. A los ojos del resto de la comunidad cristiana, él era todo un éxito, un hombre a quien admirar, incluso envidiar. Pero, sin embargo, él se encontraba en un mundo oscuro y solitario plagado de dudas. ¿De qué se trataba todo realmente? ¿Era esa actividad frenética la esencia del ministerio cristiano? Si era así, tal vez él no calzaba en él. Había pensado en varias opciones.

Tal vez debía dejar la iglesia y seguir una de ellas. Se sentía frustrado y deprimido.

Por fin, pude interrumpir el flujo ininterrumpido de palabras.

—¿Cuánto tiempo le dedica usted a la oración?

—No mucho, —me dijo.

—¿Cuánto? —le pregunté.

—Casi nada de tiempo —admitió.

Así que hablamos de eso un rato. Acomodando algunos asuntos en su agenda, pudimos encontrar un día en que él podría alejarse para pasar un día solo junto a un lago con el Señor.

Luego hablamos sobre su estudio bíblico. Admitió que preparar el sermón era por lo general algo que hacía a último momento. Nuevamente analizamos su agenda para incluir tiempo para estudiar con devoción la Biblia con el fin de aplicarla a su propia vida. Estuvo de acuerdo en que eso era exactamente lo que necesitaba y prometió hacer todo lo posible para separar tiempo de manera regular para orar y estudiar la Biblia: no principalmente para el ministerio a los demás, sino para reanimar su propia alma y espíritu.

Con el pasar de los meses se mantuvo sujeto a su nueva agenda.

Como resultado de su renovada comunión con Dios, regresaron su motivación y entusiasmo. Además, tenía una nueva perspectiva de su ministerio y desarrolló una profunda y arraigada certidumbre de estar en la voluntad de Dios. Naturalmente, el cambio afectó a la iglesia a medida que su programa dejó de tener un ritmo frenético y más productivo. Debido al hecho de que este pastor se había acercado más a Dios, podía ahora ayudar mejor a su gente. Sus oraciones en público y sus sermones eran más plenos. Era un hombre nuevo, y su gente se levantó y lo llamó dichoso.

Un amigo mío me contó sobre un misionero que estaba tratando de decidir si regresar al campo misionero o no. Había dejado la misión derrotado. La labor había sido ardua y la oposición hacía que la vida fuera insoportable. Había habido poco fruto y mucha persecución. Uno de los cristianos en el pueblo había sido torturado y, como resultado de los castigos y torturas inhumanas, había emergido de la cárcel ciego y con el cuerpo quebrantado.

El misionero estaba en un dilema: volver o no al campo misionero. ¿Qué deseaba Dios que hiciera? Para probar la voluntad de Dios, el misionero escribió en su solicitud de una visa que estaba yendo al país a predicar el evangelio de Jesucristo y a ganar almas para el Señor. Estaba seguro de que sólo un milagro haría que una solicitud de visa con esa clase de información fuera aprobada.

Sin embargo, ante su total asombro, la aprobaron. Creyó que esto era obra de Dios y, como resultado, obtuvo una nueva visión para la obra y un renovado entusiasmo por volver. Sí, el clima era húmedo y caluroso. La vivienda seguía siendo inadecuada. Sí, el gobierno seguía atacando a los cristianos y seguía habiendo denuncias de acoso. Lo esperaban pruebas y aflicciones. Sí, estaba consciente de que los resultados serían escasos. Pero ahora había presente otro factor en la ecuación. Estaba *convencido* de que era lo que Dios deseaba que hiciera, así que estaba colmado de expectativas de lo que Dios haría.

Al regresar a la aldea, descubrió que la gente respondía muy bien el evangelio. Mientras que había estado alejado, ellos habían comenzado a sentir una profunda vergüenza y deshonra por su parte en la persecución. El hombre convertido al cristianismo a quien habían dejado ciego y golpeado severamente, había muerto y Dios había usado su muerte para promover en sus corazones una inusual disposición hacia el evangelio. Según el último informe, quinientas personas que habían sido enemigas de Cristo participaban ahora en las clases de la escuela dominical estudiando la Palabra de Dios. El misionero había recibido la clara pista de Dios de que debía regresar. La promesa que hizo Dios a través de Salomón había comprobado ser cierta: "Él allanará tus sendas" (Proverbio 3:6).

COMUNICARSE CON LA GENTE

Una vez que los líderes saben lo que Dios quiere que hagan, tienen que claramente comunicar la dirección de Dios a la gente y ayudarla para que vean cómo calzan en el proyecto. Ésta es la segunda clave para una administración efectiva. Todas las personas involucradas en una empresa tienen que saber cuál es su tarea: qué desea el líder que hagan.

Moisés siguió este principio cuando construyó el santuario. Dios le reveló a Moisés su voluntad en términos claros y explícitos: "Después me harán un santuario, para que yo habite entre ustedes" (Éxodo 25:8). Luego dijo: "Erige el santuario ciñéndote al modelo que se te mostró en el monte" (Éxodo 26:30). Y al poco tiempo, Moisés reunió a la gente y le comunicó la Palabra de Dios: "Moisés reunió a toda la comunidad israelita, y les dijo: 'Éstas son las órdenes que el Señor les manda cumplir'" (Éxodo 35:1).

Nehemías es otro ejemplo de este proceso. Después que Dios le reveló su voluntad, pronto estaba Nehemías en Jerusalén compartiéndola con la gente:

> Por eso les dije: "Ustedes son testigos de nuestra desgracia. Jerusalén está en ruinas, y sus puertas han sido consumidas por el fuego. ¡Vamos, anímense! ¡Reconstruyamos la muralla de Jerusalén para que ya nadie se burle de nosotros!" Entonces les conté cómo la bondadosa mano de Dios había estado conmigo y les relaté lo que el rey me había dicho.
>
> (Nehemías 2:17-18)

¿Qué ocurrió aquí? Esta gente había estado sentada mirando la muralla desmoronada durante años. ¿Qué fue lo que les dio el entusiasmo para comenzar este gran proyecto de reconstrucción? Tenían un líder motivado, un hombre a quien Dios había enviado para que se realizara la tarea. Cuando Nehemías les dijo lo que había dicho Dios, y que el rey estaba detrás del proyecto, el pueblo se entusiasmó.

Si los líderes desean mantener su propia moral y la de su gente, tienen que primero discernir cuál es la voluntad de Dios para sí mismos. Luego tienen que asegurarse de que todos los que trabajan con ellos sepan cuál es su rol en el proyecto y qué es lo que se espera de ellos.

Un hombre me dijo una vez: "Mi jefe piensa que yo puedo saber lo que piensa. Hace poco, me entregó un proyecto y me dijo: "Hazlo." Yo hice lo mejor posible y se lo devolví.

"Esto no está bien hecho," me dijo y me lo devolvió para que volviera a trabajar en él. Traté de enfocarlo desde un ángulo completamente distinto y se lo llevé de vuelta. Aún no estaba satisfecho con él. Así que probé una tercera vez, pero tampoco resultó. No le gustaba. El proyecto sigue sin terminar, y todavía sigo sin saber qué es lo que quiere que haga con él."

Mientras escuchaba a este hombre, podía darme cuenta de que su entusiasmo y motivación para realizar el proyecto estaban por el piso. Yo lo conozco desde hace muchos años y sé que él tendría la capacidad para completar el proyecto si tan solo su jefe le dijera exactamente qué es lo que quiere.

Salomón era un hombre que hizo exactamente eso. Cuando necesitó madera para el proyecto del templo, le envío un mensaje a Hiram y le explicó qué necesitaba y por qué.

Más tarde, cuando Salomón necesitaba que se hiciera cierto trabajo en metal, le habló a Hiram de ello. Nuevamente, la respuesta de Hiram fue positiva y el trabajo marchó muy bien. La clave de todo fue la dirección clara a un hombre capaz. (Véase 1 Reyes 5 y 7.)

DELEGAR RESPONSABILIDAD

Después de que Moisés sacó al pueblo de Israel de Egipto, comenzó a trabajar tanto que estaba extenuado. Su suegro Jetro le dio un muy buen consejo.

> Elige tú mismo entre el pueblo hombres capaces y temerosos de Dios, que amen la verdad y aborrezcan las ganancias mal habidas, y desígnalos jefes de mil, de cien, de cincuenta y de diez personas. Serán ellos los que funjan como jueces de tiempo completo, atendiendo los casos sencillos, y los casos difíciles te los traerán a ti. Eso te aligerará la carga, porque te ayudarán a llevarla. (Éxodo 18:21-22)

La frase clave aquí es: "Serán *ellos* los que funjan como jueces de tiempo completo." El líder les tiene que dar a sus seguidores una tarea, y luego dejar que la hagan ellos. Con demasiada frecuencia los líderes delegan una tarea y luego se entrometen hasta tal punto que se la terminan quitando a la persona encargada. Este es un clásico error.

Hace algunos años, cuando yo estaba en medio de una tarea ministerial bastante grande para Los Navegantes, me senté con un hombre muy competente y dedicado que estaba trabajando conmigo y comencé a compartir con él una idea que lo involucraría en el proyecto.

Después de algunos minutos, me detuvo y me dijo: "No tiene sentido que me diga esto."

Yo me sorprendí y le pregunté por qué. ¿Era acaso por el hecho de que no tenía ningún interés en el proyecto o estaba simplemente rehusándose a ayudar?

"No," me dijo, "no tiene nada que ver con eso. Es simplemente porque yo lo he observado, LeRoy, y sé que si yo asumiera el proyecto, usted no me dejaría hacerlo. Metería sus narices, daría vueltas y vueltas, comenzaría a cambiar esto y aquello, y muy pronto me movería el piso y comenzaría a hacerlo solo."

Discutí con él, tratando de justificarme. Pero llegué al punto en el que tuve que admitir que tenía razón.

"Deje que *ellos* lo hagan." Esta es una de las claves de la motivación y la moral. Sin embargo, el principio tiene una salvedad. Si el líder desea soltar las riendas y permitir que otra persona haga la tarea, tiene que primero elegir y capacitar a la persona adecuada. Ya sea que elija gente que proporcione liderazgo o para hacer trabajo manual, un líder debe asegurarse de que sean personas capaces que Dios ha formado para la tarea.

Salomón habló con sabiduría sobre este punto: "El rey favorece al siervo inteligente, pero descarga su ira sobre el sinvergüenza" (Proverbio 14:35). El líder tiene que elegir un ayudante *sabio* y *capaz*. "Confiar en gente desleal en momentos de angustia es como tener un diente picado o una pierna rota" (Proverbio 25:19). La gente infiel es una fuente de dolor y penuria. Se derrumban ante la presión. Así que el líder debe considerar bien las consecuencias de la pregunta: "¿Me va a dejar hacerlo?" para no verse luego forzado a depender de personas que no pueden desempeñar bien la tarea.

ESTAR DISPONIBLE

La cuarta clave está contenida en la pregunta: "¿Me va a prestar ayuda cuando la necesite?" Para repasar, el líder tiene que recibir primero de todo la dirección de Dios. Luego la gente tiene que saber qué es lo que se supone que hagan. Necesitan la confianza de que una vez que emprenden una tarea, el líder les permitirá realizarla.

Pero necesitan también la clara confianza de que el líder estará disponible cuando necesiten ayuda. Esto es cierto sin importar la edad, ministerio o puesto en la iglesia de Dios.

Hace algunos años estaba en una conferencia en la costa oeste. Después de terminar de hablar en la reunión del sábado por la noche, un joven me detuvo y me preguntó si podía hablar conmigo. Le expliqué que ya había concertado una cita con otro hombre, pero el insistió. "¿No tiene unos pocos minutos?"

—Bueno, —le dije—, podemos hablar mientras camino hacia el edificio donde nos vamos a encontrar.

—Está bien, —me dijo—. Luego comenzó a relatarme una historia calamitosa que me quebró el corazón. Espiritualmente, estaba en un caos. Había sido cristiano durante tres años y durante esos años había estado activamente involucrado en una organización cristiana. Había participado con entusiasmo y experimentado éxitos, pero luego fue cuando comenzaron los problemas. Comenzó a dar y dar y dar aún más. Dio su tiempo… se pasaba horas y horas… dio su vida entera. Pero al hacerlo, su vida se convirtió en algo superficial y su resistencia llegó al límite de su capacidad. Por último, no pudo seguir más y se dio por vencido. Cuando escuchó que yo iba a estar en la conferencia, vino con la esperanza de que podríamos hablar. Estaba completamente agotado y no había nadie a quien podía recurrir para que lo ayudara. En los pocos minutos que teníamos, hablé con él sobre cómo arraigarse y edificarse en Cristo y establecerse en la fe. Cuando reflexioné más tarde sobre lo acontecido, sentí dolor en mi espíritu. Aquí estaba este joven cristiano con un problema real y no tenía a nadie que lo pudiera ayudar. Y cuando escuchó que habría alguien a unos cientos de millas que podría ayudarlo, se arriesgó a que yo tuviera tiempo disponible y realizó el viaje. Salomón dijo: "En todo tiempo ama el amigo; para ayudar en la adversidad nació el hermano" (Proverbio 17:17). Un líder tendría que ser un amigo que está disponible en los momentos de necesidad.

Sí, deje que la gente haga la tarea. No interfiera y no los moleste. Pero siempre deles la seguridad de que está disponible y ansioso por ayudarlos cuando lo necesiten.

EVALUAR REGULARMENTE

La quinta clave está incorporada en la pregunta: "¿Me puede decir cómo me va?" Nos desmoraliza no saber qué piensa nuestro líder de nuestro desempeño.

- "¿Está bien?"
- "¿Está mi jefe satisfecho?"
- ¿Le gusta a mi jefe lo que estoy haciendo?"

Si no se responden periódicamente estas preguntas, la mente de las personas puede verse consumida por sospechas, imaginaciones y confusión. Cuando ocurre eso, la labor se hace más lenta y posiblemente se detenga por completo debido al desánimo de la gente.

En mis visitas a distintas áreas del ministerio, tanto en los Estados Unidos como en el extranjero, he podido ver esto muchísimas veces. Cierta vez estaba con un amigo que respondía a un hombre que se encontraba en una ciudad diferente. Mientras charlábamos, él mencionó ese tema. "Realmente no tengo idea si lo que estoy haciendo es lo que quiere mi jefe," me dijo. Luego me miró y me dijo con un tono algo quejoso: "Tal vez podrías hablar con él, explicarle lo que estoy haciendo y ver si está satisfecho."

Tenía delante de mí un hombre cuya moral estaba baja y cuyo entusiasmo por el ministerio estaba más bajo aún. Parecía desconectado y a oscuras. Su mente estaba agitada. ¿Lo iban a reemplazar? Me habló sobre las discusiones mentales que había tenido con su jefe, ya que se imaginaba toda suerte de cosas. Hice todo lo posible para juntar a estos dos hombres, para calmar la mente de mi amigo y para ayudar al líder a ver su responsabilidad de evaluar el trabajo de mi amigo y decirle honestamente qué pensaba de su desempeño.

Muy diferente es la manera en que Lorne Sanny maneja a aquellos de nosotros que estamos en el equipo de la central internacional y que le respondemos a él. Cada seis meses actualizamos la descripción de nuestra tarea y los objetivos principales. Periódicamente, Lorne me llama a su oficina para conversar sobre ellos en detalle. "Parece que estás bien aquí, pero estos temas probablemente necesitan un poco más de esfuerzo," me dice. Luego compartimos algunos versículos de la Biblia, oramos y me voy de su oficina sabiendo exactamente cuál es mi situación. Me hace sentir muy bien y es muy importante para mantenerme motivado.

Cuando los líderes evalúan el trabajo de su gente, tienen que tener los hechos concretos y saber de lo que están hablando. Los líderes se pueden beneficiar de la verdad en el Proverbio 10:31: "La boca del justo profiere sabiduría." Nada desmoraliza más a la gente que darse cuenta de que su líder no sabe realmente lo que está ocurriendo.

RESUMEN

Moisés aplicó estos principios de administración efectiva. ¿Cómo afectaron la moral y motivación del pueblo? Una de las mejores pruebas de moral entre la gente es la manera en que dan su tiempo y dinero a la obra del Señor. Si están contrariados, desilusionados y desencantados, dan poco. Pero si están llenos de entusiasmo por lo que Dios está haciendo en ellos, entre ellos y a través de ellos, dan en abundancia. A la luz de esto, notemos Éxodo 36:4-7:

> Todos los artesanos y expertos que estaban ocupados en la obra del santuario suspendieron su trabajo para ir a decirle a Moisés: "La gente está trayendo más de

> lo que se necesita para llevar a cabo la obra que el Señor mandó hacer." Entonces Moisés ordenó que corriera la voz por todo el campamento: "¡Que nadie, ni hombre ni mujer, haga más labores ni traiga más ofrendas para el santuario!" De ese modo los israelitas dejaron de llevar más ofrendas, pues lo que ya habían hecho era más que suficiente para llevar a cabo toda la obra.

El trabajo era difícil. Se pasaban muchas horas trabajando. Las condiciones de vivienda no eran ideales. Pero la gente se sentía motivada y animada.

Los líderes tienen que acordarse de preguntar:

- ¿Tengo una dirección clara de Dios?
- ¿Le digo a mi gente lo que tienen que hacer?
- ¿Dejo que lo hagan?
- ¿Los ayudo cuando lo necesitan?
- ¿Les digo cómo les está yendo?

La administración tiene que ver más con las personas que con las cosas. Estas cinco preguntas son vitales. Tienen que ser respondidas. Más aún, tienen que ser vividas a diario. Y cuando lo son, la motivación y la moral de la gente estarán seguras.

CAPÍTULO SEIS

SEA UN LÍDER QUE SE OCUPA DE SU GENTE

Hay diversas clases de pastores, y sus ideas de cómo cuidar a sus rebaños son diferentes. Miremos dos clases diferentes de pastores.

La primera clase de pastor reúne más a sus ovejas que lo que las cuida. Estos pastores están siempre dando vueltas por los cerros. Encuentran algunas ovejas y las traen de vuelta al rebaño. Pero el *cuidado* personal de las ovejas es mínimo. Después de traerlas al rebaño, ya no se interesan más por ellas. Al sentirlo, las ovejas suelen escaparse por la puerta de atrás y se pierden. Pero esto no parece molestar demasiado a esos pastores. Cuando amanece, ya están dando nuevamente vueltas por los cerros; al anochecer traen algunas ovejas más para sumar al rebaño. Sin embargo, después de algún tiempo, algunas se van como las que las antecedieron. Como resultado, el rebaño no crece demasiado y las ovejas que se quedan no están bien alimentadas. Estos rebaños son más bien enfermos que fuertes y robustos.

La segunda clase de pastor tiene una idea diferente de cómo abordar su trabajo. Sí, estos pastores están ansiosos de agregar ovejas nuevas a su rebaño, pero les prestan mucha atención después de haberlas añadido. Es una atención diligente y personal.

Todos nosotros hemos conocido alguna vez a alguien que nos buscó y nos condujo hacia el rebaño. Pero nuestras necesidades no terminaron allí. Necesitamos mucho atención afectuosa. Tuvimos que ser alimentados con las palabras de la fe. Debido a que nuestros problemas eran únicos, también necesitamos atención personal. La clave de esto no es la oveja sino el pastor.

¿Qué es lo que necesitan los pastores para mantener sanas, productivas y reproductivas a sus ovejas? Varias cosas son beneficiosas, pero hay dos que son absolutamente necesarias.

La primera cosa esencial es entender claramente las necesidades básicas de las ovejas. Los pastores tienen que estudiar esto con diligencia, luego observar al rebaño y determinar qué es lo que necesitan las ovejas.

La segunda cosa esencial es su diligencia y empuje para hacer lo que sea necesario para satisfacer esas necesidades. Salomón lo articuló bellamente: "Asegúrate de saber cómo están tus rebaños; cuida mucho de tus ovejas" (Proverbio 27:23). En otras palabras, ¡descubre qué se necesita hacer y *hazlo*!

Note que Salomón les habló directamente a los pastores. Era su tarea saber cómo estaban sus ovejas. Esto no es algo que se puede delegar. El apóstol Pablo le entendió claramente: "Pablo dijo a Bernabé: 'Volvamos a visitar a los creyentes en todas las ciudades en donde hemos anunciado la palabra del Señor, y veamos cómo están'" (Hechos 15:36). Pablo y Bernabé habían completado su viaje misionero. Muchos habían conocido a Cristo, como ovejas traídas al rebaño. Ahora el gran apóstol proponía una visita para ver cómo les estaba yendo. ¿Las alimentaban y cuidaban? ¿Estaban haciendo los pastores su trabajo? ¿Había alguna manera en que los podía ayudar?

Su preocupación era intensa. A los tesalonicenses les dijo: "¡Ahora sí que vivimos al saber que estáis firmes en el Señor!" (1 Tesalonicenses 3:8). Si les iba bien, su espíritu se elevaba lleno de vida. Pero si estaban en problemas —enfermos, hambrientos, maltratados, sucumbiendo a su tendencia a alejarse del rebaño— algo en él moría. Su vida misma estaba sujeta a su bienestar.

Salomón llamó a los pastores a ser diligentes. La pereza casual no es aceptable. Hay demasiado en juego. ¡Piense en el potencial de un rebaño sano que crece y se multiplica para siempre! La diligencia es el orden del día.

Hace algunos años, Randy, Virginia y yo estábamos volando desde Belgrado, Yugoeslavia (ahora Serbia) a Varsovia en Polonia. Cuando llegamos al aeropuerto nos enteramos que el vuelo estaba atrasado unas seis horas. Randy fue de inmediato a la oficina del agente de la línea aérea yugoeslava para averiguar qué estaba pasando y qué debíamos hacer. El agente se disculpó de mil maneras. Parece que había un grupo en una ciudad a unos cientos de millas que también estaba yendo para Varsovia y la aerolínea había simplemente enviado nuestro avión para recogerlos. Así que allí nos sentamos a esperar. El agente entró en acción. Ordenó una buena comida para nosotros totalmente paga. Nos dio las tarjetas de embarque por anticipado para asegurar que tuviéramos asientos en un vuelo que ya estaba sobrevendido y pidió que nos sellaran los pasaportes de antemano para que no tuviéramos que estar en una larga fila a la hora de partir. También nos dijo que nos quedáramos en la sala de espera hasta que él regresara y nos escoltara al avión.

Cuando llegó la hora de partida, él no estaba por ninguna parte. Pero esperamos. Una multitud de personas se abría paso con dificultad para abalanzarse al avión. Por último, él vino y nos acompañó al avión. Cuando miré dentro del avión, me quise morir. Todos los asientos estaban tomados. Pero en ese momento, destrabó la puerta que iba hacia la cola del avión y allí había seis asientos en la sección de primera clase. Nos hizo entrar y habló con la azafata, diciéndole que nos atendiera bien. Era un buen pastor. Nosotros éramos su pequeño rebaño y él se encargó de que nos atendieran bien. Estábamos en un viejo avión cuatrimotor a hélice, lleno de viajeros felices que gritaban y se empujaban, pero nuestro viaje fue tranquilo y en paz. El agente fue muy servicial y se ocupó de nuestro bienestar.

Después de ese viaje, tomé un vuelo nacional que fue todo lo contrario. El auxiliar de vuelo vino y me ofreció café. Yo le pregunté si podía tomar un té.

—Por supuesto, —me dijo—enseguida se lo traigo.

Un rato después, pasó y me ofreció más café.

—No gracias, —le dije—. Pensé que me iba a traer una taza de té.

—Oh, disculpe, —exclamó—. Me olvidé completamente. Ya mismo regreso.

Pero nunca regresó.

Un pastor fue diligente, el otro no lo fue.

LOS ENEMIGOS DEL CUIDADO PASTORAL

¿Qué impide que un pastor ejercite esa diligencia? Me parece que hay cuatro cosas que son enemigas del cuidado consciente de un pastor.

1. *El egocentrismo.* Jesús habló de este rasgo:

> El ladrón no viene más que a robar, matar y destruir; yo he venido para que tengan vida, y la tengan en abundancia. Yo soy el buen pastor. El buen pastor da su vida por las ovejas. El asalariado no es el pastor, y a él no le pertenecen las ovejas. Cuando ve que el

> lobo se acerca, abandona las ovejas y huye; entonces el lobo ataca al rebaño y lo dispersa. Y ese hombre huye porque, siendo asalariado, no le importan las ovejas.
> (Juan 10:10-13)

Note lo que el ladrón y el asalariado tienen en común. Son egocéntricos, llenos de codicia y deseo de ganancia personal. Se dedican a mejorar su propio bienestar a costa de las ovejas.

Tal vez se pregunte por qué está involucrado el asalariado con las ovejas. Sólo por el dinero. Es simplemente un trabajo. Cuando aparecen los problemas, se va corriendo.

¿Hay pastores, misioneros y otros obreros cristianos hoy que buscan el ministerio como una manera de obtener gloria personal y ganancias propias? ¿Que contemplan al ministerio como otra profesión cualquiera? Sí, sin duda los hay. Pero gracias a Dios son la minoría.

Por desgracia, siempre tendremos ladrones y asalariados. Y que Dios ayude al pobre rebaño que esté asolado por semejantes personas.

2. *La ignorancia.* Existe un pasaje devastador en el Antiguo Testamento que habla de esto: "Los pastores se han vuelto necios, no buscan al Señor; por eso no han prosperado, y su rebaño anda disperso" (Jeremías 10:21).

El profeta entendió perfectamente cuál era el problema. Si los pastores no tienen comunión con el Señor, su vida no bendice al rebaño. Son muchas las razones por esto.

- Los pastores son sólo el canal a través del cual el Señor comunica su bendición a las ovejas. Su necesidad de Dios es mayor que su necesidad del canal. Si los líderes no están caminando con el Señor a la luz de su Palabra, su ministerio está muerto.

- Si los líderes no están estudiando la Palabra, jamás aprenderán lo que necesitan las ovejas o cómo realmente ministrarlas. La ignorancia de los líderes será una maldición para el rebaño. Los líderes sabios no sólo conocen las necesidades generales de su gente, sino que además pueden determinar las necesidades específicas que tienen en ese momento.

Una vez hablé con Lorne Sanny sobre uno de sus equipos. Le dije que pensaba que había algo que había ocurrido en el departamento de este hombre que tendría que saber. Sin embargo, Lorne me advirtió que no lo compartiera en ese momento. "Espera hasta que hayan terminado sus próximas reuniones. Él tiene muchas preocupaciones en este momento."

Me sentí desafiado. Lorne es un hombre con una responsabilidad global, pero tenía el tiempo y la inclinación de mantenerse al día con los hombres que le respondían a él, aun cuando estuvieran esparcidos por toda la tierra. Esto es exactamente lo que estaba pidiendo Salomón. Instaba a los pastores a que se esforzaran por conocer el estado de sus rebaños. No es tarea fácil. Hoy día abunda la enseñanza religiosa falsa y desequilibrada en libros, revistas, la radio y la televisión. Los pastores tienen que mantenerse al corriente de qué es lo que está ingiriendo su rebaño.

Los pastores tienen la responsabilidad de evitar que las ovejas consuman dosis tóxicas de falsedad y error.

Para lograr que el rebaño crezca, los pastores tienen que saber cómo comunicar los ingredientes básicos del crecimiento espiritual y el discipulado. Muchos pastores tienen problemas en esta área. Tal vez den grandes sermones, pero el solo pensamiento de darle atención individual a un persona y ayudarla a crecer los aterroriza. ¿Por qué? Porque nunca nadie los condujo por los pasos básicos. Gran parte de lo que aprendieron en el seminario no tenía como objetivo ayudar a las personas. Y muchos son los pastores que han dejado el ministerio por esta mismísima razón.

Una vez pasé un par de horas conversando con uno de los pastores más motivados que conozco. Seis meses antes de nuestra charla, él estaba por dejar la iglesia para trabajar secularmente. Simplemente no sabía cómo ayudar a la gente a crecer. Muchos conocían a Cristo y necesitaban crecer en la fe. Sus sermones ayudaban un poco, pero él sabía que se necesitaba mucho más que eso. Se sentía frustrado, derrotado, quebrantado y deseaba irse. Pero gracias a Dios tenía un amigo que sabía cómo ayudarle a la gente a crecer. Hablaron horas, días semanas y meses al respecto. Comenzó a ver con más claridad las cosas y puso en obra lo que había aprendido. Hoy día tiene doce hombres de su iglesia a quienes está discipulando. Ellos, a la vez, están a punto casi de comenzar a repetir el proceso en la vida de otros. El ayudar a que la gente comience a orar y leer la Biblia por la mañana, a memorizar versículos, a estudiar la Biblia y a meditar y aplicar la Palabra en su vida no es cosa difícil de hacer.

Pero hay dos cosas que son necesarias. Primero, lo líderes tienen que estar haciendo esas cosas. Pablo lo dice con toda claridad. "Poned en práctica lo que de mí habéis aprendido, recibido y oído, y lo que habéis visto en mí, y el Dios de paz estará con vosotros" (Filipenses 4:9).

Segundo, los líderes le tienen que pedir a Dios que les dé el corazón de un pastor y el espíritu de un siervo. Sin estas cualidades, no podrán mantener esta clase de ministerio por mucho tiempo. Los líderes pueden ingresar al ministerio con mucho entusiasmo, pero cuando las realidades de la pediatría espiritual estén totalmente en flor, sentirán la tentación de buscar una senda para servir que sea más fácil.

3. *La pereza.* Es un trabajo arduo ser pastor. Es una obra de fe y de amor. Los pastores trabajan en la Palabra y en la doctrina. Bregan fervientemente en oración.

En muchos aspectos es como criar una familia. Cada uno necesita atención personal individual y eso requiere mucho trabajo. Lleva tiempo y es cansador. Pero tiene que ser hecho.

4. *Las distracciones.* He observado que cuando los líderes se dedican a un ministerio de atención personal individual, hay toda clase de oportunidades que corren paralelas y que los tientan a abandonar el rumbo elegido. ¡Gloriosas oportunidades! Es necesario que las examinen ante la luz de su labor principal y calculen las prioridades con mucho cuidado. El ministerio de discipular a la gente y satisfacer sus necesidades puede palidecer ante la luz brillante de aquellas cosas que son grandes, ruidosas y acompañadas por un gran entusiasmo. Hay poco encanto en el trabajo cotidiano de estar a cargo del bienestar de la gente.

En una reunión de directores de misiones en San Diego, la frase "gloriosa oportunidad" se convirtió en nuestro eslogan. Todo comenzó una mañana cuando uno de los hombres habló sobre la gloriosa oportunidad que había tenido la semana anterior de servir al Señor. Describió el acontecimiento en términos atractivos, hablando extensamente sobre su participación en la gloriosa oportunidad. Por último, el hombre que estaba presidiendo la reunión le hizo una incisiva pregunta: "Todo suena muy fascinante y apasionante, ¿pero qué tiene esto que ver con la misión que Dios le ha dado a nuestra organización?" Todos se quedaron en completo silencio y dirigieron la mirada al hombre, esperando su respuesta. Parecía algo confundido y por fin espetó: "Bueno, probablemente nada: ¡pero fue una oportunidad gloriosa!"

Durante el resto de la semana, los hombres se reían por lo bajo de vez en cuando recordando el incidente. Pero también pensaron bastante sobre lo que implicaba esa pregunta y la respuesta.

Siempre me ha impactado el hecho de que Lorne Sanny, cada vez que reúne a sus máximos líderes, lo primero que hace es repasar con nosotros los objetivos de nuestra misión. De hecho, Lorne dice que su principal responsabilidad es ayudar a establecer, aclarar y mantener los objetivos de nuestra organización. Estoy de acuerdo. Y la razón es, por supuesto, que es tan fácil que nos distraiga alguna gloriosa oportunidad que aparece.

Existen tres maneras de destruirnos la vida. Una es no hacer nada con ella: dejarnos llevar por nuestra pereza y sentarnos sin hacer nada mientras el mundo y sus terribles necesidades pasan a nuestro lado. La segunda es dejarnos llevar por las cosas equivocadas, luchar y abrirnos camino a toda costa durante toda la vida para descubrir luego que entregamos la vida a algo equivocado. La tercera es por medio de las distracciones. Estamos generalmente en el sendero correcto, pero periódicamente observamos alguna gloriosa oportunidad que nos saca del camino y nos guía por otro sendero.

OPORTUNIDADES DE SATISFACER NECESIDADES

Hay una gran necesidad de líderes cristianos que se tomen el tiempo para conocer qué es lo que necesita la gente y cómo ayudarla a cubrir esas necesidades.

El egocentrismo, la ignorancia, la pereza y las distracciones luchan contra los líderes que desean alimentar a sus rebaños. Pero por la gracia de Dios, todos pueden llegar a ser líderes laboriosos que se ocupan de la gente.

Una vez en que estaba en el aeropuerto de Denver camino a Wichita, Kansas, noté una cantidad inusual de personal de la aerolínea reunidos en la puerta de embarque donde subiríamos al avión. Iba a llegar un grupo grande de gente de Los Ángeles.

Vi cantidad de gente confundida y vacilante que bajaba del avión. Llevaban distintivos, cargan bolsas de plástico dadas por la Cruz Roja y se preguntaban a dónde ir y qué hacer. Sin embargo, no tuvieron que preguntárselo demasiado tiempo: trabajadores de apoyo y personal de la aerolínea estaba allí para recibirlos. Muchos de los trabajadores de la agencia de apoyo y el personal de la aerolínea probablemente jamás habían escuchado el consejo de Salomón de prestar atención a las necesidades de la gente a su cargo. Pero ellos lo estaban haciendo. Algunos refugiados tenían distintivos que decían: "Servicio Luterano de Inmigración y Refugiados". Otros tenían unos broches grandes amarillos y negros con las siglas USCC. Algunos traían bolsas de plástico que decían "Donado por la Cruz Roja de la República Federal Alemana". Una de las trabajadoras era especialmente eficiente. Notaba sus distintivos, los llevaba a las puertas correctas, les pedía que se sentaran y luego se ponía en acción consiguiéndoles tarjetas de embarque, mostrándoles dónde estaban los baños y asegurándose de que estaban adecuadamente informados sobre cuáles serían los siguientes vuelos. En definitiva, los trabajadores eran extraordinarios. Pronto, los refugiados estaban sonriendo, relajados y cómodos. Sabían que se ocuparían de ellos.

Cuando las personas saben que alguien las está cuidando, normalmente responden como lo hicieron los refugiados. Los líderes que buscan el bienestar de su gente tienen un grupo de seguidores que se siente motivado y ansioso de seguirlos.

Cierta vez, un amigo mío vino de visita a nuestra casa en Colorado Springs. Hacía muy poco tiempo que había renunciado a su cargo en las fuerzas aéreas. Dado que Ray había estado enseñando en una escuela de liderazgo de la fuerzas aéreas por dos años, nos pasamos mucho tiempo hablando sobre el liderazgo y sus efectos en la moral y la motivación. Durante una de nuestras conversaciones, me habló sobre el primer comandante de su escuadrón, el teniente coronel Billy J. Brown. Destacó que la cualidad más notable del coronel Brown era que se ocupaba de la gente en su escuadrón. Debido a la naturaleza de sus tareas, algunas de las tripulaciones tenían que pasar largos períodos de tiempo alejados de su casa. Mientras estas tripulaciones estaban fuera, muchas veces durante lapsos de hasta tres meses, el coronel Brown se ocupaba de hablar con sus familias todas las semanas para ver si necesitaban algo.

Otro aspecto de la misión del escuadrón requería que cada tripulación estuviera alejada de su casa siete días cada tres semanas durante todo el año. Durante este tiempo, las tripulaciones estaban restringidas a una cierta área de la base separada de su familia. Con frecuencia, un miembro de la tripulación restringido se enfrentaba a un problema potencial en casa: su esposa esperaba un bebé durante ese tiempo o un hijo enfermo necesitaba ser hospitalizado. En dichos casos, el coronel Brown siempre se mantenía en contacto con esos hombres y su familia y monitoreaba de cerca la situación. Además, programaba que un miembro de la tripulación estuviera disponible como suplente de estos hombres en caso de que surgiera una emergencia. Todos los miembros de la tripulación sabían que la mayoría de los comandantes de las otras bases se negaban a satisfacer las necesidades individuales en esa forma. Ray me dijo que debido a su preocupación personal, los hombres en su escuadrón sentían que el coronel Brown estaba profundamente interesado en su vida, tanto en el trabajo como fuera de él. Los problemas de sus hombres eran su problema también. Como resultado, la moral era alta y los hombres se sentían motivados a desempeñarse lo mejor posible en sus tareas. No les importaba trabajar durante largas horas en tareas difíciles o incluso realizar tareas adicionales, porque sabían que el coronel Brown se ocupaba de ellos.

En contraste, Ray me dijo que había otros comandantes que provocaban el efecto contrario. No satisfacían las necesidades personales de su gente y, como resultado, sufría la moral. Basándose en sus conversaciones con cientos de oficiales durante su gira como instructor de líderes, Ray sacó la conclusión de que la principal preocupación de los jóvenes oficiales en las fuerzas aéreas hoy es si sus superiores están realmente cuidando el bienestar de su gente o simplemente cuidándose a ellos mismos. Observó que en las bases donde los comandantes se esforzaban por cuidar a su gente, la moral y la motivación eran altas. Sin embargo, en las bases en que los comandantes no lo hacían, había muchas dimisiones.

Un líder tiene que cuidar a su gente y ocuparse de sus necesidades. Salomón dijo: "Asegúrate de saber cómo están tus rebaños; cuida mucho de tus ovejas" (Proverbio 27:23). Dios nos ha llamado a ser pastores. Las palabras de nuestro Señor a Pedro tendrían que ser motivación suficiente para nosotros: "Simón, hijo de Juan, ¿me amas?... Cuida de mis ovejas" (Juan 21:16).

CAPÍTULO SIETE

SEA UN LÍDER QUE INFORMA

Durante el verano en que Virginia, Randy y yo pasamos un mes detrás de la Cortina de Hierro, las únicas noticias que escuchábamos provenían de Radio Moscú. Un hombre con un lindísimo acento británico daba las noticias desde Moscú. Mientras relataba las acciones traicioneras e inhumanas de las Fuerzas Aéreas de los Estados Unidos en África, dijo: "El zumbido de sus bombarderos ahogan las negaciones de su presidente." Semana tras semana nos alimentaban los argumentos del partido comunista. Era deprimente y perturbador.

Por fin, llegó el día de volar desde Praga en Checoeslovaquia (hoy día la República Checa) a Ginebra en Suiza. Llegamos al hotel, salimos a almorzar y luego nos dirigimos al puesto de diarios. Ubicamos *Newsweek, TIME,* y el *Herald Tribune* y luego regresamos a nuestra habitación para leerlos. Debido a que estábamos hambrientos de las noticias de qué es lo que estaba ocurriendo en el mundo, regresamos todos los días al puesto para comprarlas. Como la mayoría de la gente, ansiábamos información.

UN LÍDER INFORMA

Ya sea que hablemos de acontecimientos internacionales o de las labores de un grupo de gente, a todos nos gusta ser informados. Los líderes tienen que estar conscientes de esta necesidad en la gente con la que están trabajando.

Dawson Trotman era un maestro en mantener a la gente informada. Durante mis primeros años con Los Navegantes, nos dijeron a todos los que estábamos en la Sede Internacional que mantuviéramos libre la noche de los jueves. Todas las semanas nos reuníamos los jueves por la noche en la sala de la casa de Daws y Lila en Glen Eyrie, y Daws nos informaba sobre las últimas novedades. Leía cartas de los misioneros y tenía informes de los representantes que estaban en Glen en ese momento. También compartía con nosotros bendiciones de la Palabra que Dios le estaba enseñando en aquel tiempo. Luego nos ponía al día en cuanto a lo que pensaba, sus planes, ideas y proyectos venideros. Especialmente le gustaba anunciar los compromisos. Arrastraba el anuncio para mantenernos en suspenso y finalmente nos revelaba las buenas noticias.

Tengo preciosos recuerdos de esas noches porque eran lo mejor de toda la semana. Dios usaba esos momentos para mantener nuestra moral elevada e infundirnos entusiasmo y alegría. Aun cuando mi tarea no era demasiado importante en aquel tiempo, Daws me hacía sentir que me necesitaban él y el ministerio para llevar a cabo la tarea, la Gran Comisión. Sí, le llevó tiempo y esfuerzo y reflexión de su parte unirnos en un solo equipo. Éramos la "Familia Nav", la "querida pandilla" de él y de Lila. Y lo sentíamos.

El mantener a la gente informada es hacer lo que Dios hizo. Él podría habernos dejado sin ninguna información sobre cómo se creó el mundo, pero no lo hizo. "Dios en el principio, creó los cielos y la tierra" (Génesis 1:1).

Podría no habernos informado sobre cómo ingresó el pecado en el mundo, pero no lo hizo.

> Dios el Señor tomó al hombre y lo puso en el jardín del Edén para que lo cultivara y lo cuidara, y le dio este mandato: "Puedes comer de todos los árboles del jardín, pero del árbol del conocimiento del bien y del mal no deberás comer. El día que de él comas, ciertamente morirás." (Génesis 2:15-17)

Podría habernos dejado especulando sobre el origen de la Biblia. Pero no lo hizo. "Toda la Escritura es inspirada por Dios" (2 Timoteo 3:16); "Porque la profecía no ha tenido su origen en la voluntad humana, sino que los profetas hablaron de parte de Dios, impulsados por el Espíritu Santo" (2 Pedro 1:21).

No quedaron todas estas cosas libradas a nuestra imaginación, porque podríamos haber soñado toda clase de teorías. Pero Dios, en su misericordia, encendió la luz. Eligió revelarnos los grandes misterios del universo. ¿Por qué piensa que lo hizo? Porque es su naturaleza mantener informada a la gente. Por alguna razón desea que sepamos. Es su manera de hacer las cosas. "Dio a conocer sus caminos a Moisés; reveló sus obras al pueblo de Israel" (Salmo 103:7). El líder haría bien en recordarlo. Cualquier grupo, cualquier organización, cualquier consejo de ancianos o diáconos, cualquier grupo de maestros de escuela dominical funciona mejor si siente que está informado y actualizado.

Una vez leí sobre un equipo atlético profesional que estaba perdiendo todos los partidos. La motivación y la moral habían decaído y se peleaban y discutían entre ellos. Cuando un reportero investigó la situación, descubrió cuál era la raíz del problema: Los jugadores no sabían lo que pensaba la dirección así que se empezaron a alimentarse de rumores. ¿Se quedaría el club en la ciudad donde estaban jugando o se mudarían al otro extremo del país? ¿Tenían los jugadores asegurados sus empleos o los iban a cambiar por otros? ¿Iba el dueño a despedir al director? Y así seguían. Nadie tenía respuestas. Sólo preguntas. Los miembros del equipo tenían sospechas y se sentían ansiosos y eso afectaba su juego. Sabían que no estaban jugando bien, y esto los enojaba porque sabían que eran capaces de jugar mucho mejor. Y su mal desempeño enojaba a los entrenadores. Y esto se convirtió en círculo vicioso. Su problema verdadero era un problema de administración. Sus líderes no estaban haciendo su tarea. Es interesante notar que el apóstol Pablo usó equipos de personas que distribuían la información.

> Nuestro querido hermano Tíquico, fiel servidor y colaborador[b] en el Señor, os contará con detalle cómo me va. Lo envío a vosotros precisamente para que tengáis noticias de nosotros, y así cobréis ánimo. Va con Onésimo, querido y fiel hermano, que es uno de vosotros. Ellos os pondrán al tanto de todo lo que sucede aquí. (Colosenses 4:7-9)

Para Pablo era importante que la gente supiera lo que estaba ocurriendo, quién iba o quién se quedaba y dónde, y cómo diferentes personas se llevaban entre sí. Note con cuánta frecuencia aparece esta clase de cosas en sus cartas: "Erasto se quedó en Corinto; a Trófimo lo dejé enfermo en Mileto" (2 Timoteo 4:20); "Saludos de parte de Timoteo, mi compañero de trabajo, como también de Lucio, Jasón y Sosípater, mis parientes" (Romanos 16:21); "Sólo Lucas está conmigo" (2 Timoteo 4:11).

¿Qué es lo que estaba tratando de lograr mediante todo esto? ¿Ayudar a toda esa gente a sentirse parte del movimiento? ¿Generar su apoyo en oración? ¿Mantenerlos motivados? ¿Hacer que se sintieran importantes para la obra de Cristo? Probablemente todo esto y más. Y cualquier líder hoy día haría lo mismo.

Mi primer tarea independiente con Los Navegantes fue trabajar en un ministerio para estudiantes en Pittsburg. Después de que mi esposa y yo nos mudamos allí, escuchamos que Los Navegantes estaban tratando de comprar Glen Eyrie en Colorado. Humanamente hablando, era algo imposible, porque teníamos seis semanas para recaudar $ 100,000, casi la mitad de nuestro presupuesto anual. Pero Daws creía saber lo que Dios pensaba al respecto y movilizó a todo su personal. Yo era nuevo y todavía no me sentía parte del equipo. Pero Daws pronto lo cambió. Comencé a recibir cartas de él diciéndome cómo iba la campaña. Yo le escribía frecuentemente, enviándole el dinero que había podido recaudar. Él estaba agradecido y lleno de entusiasmo, y su espíritu era contagioso. Pronto me sentí arrastrado por el ímpetu de todo esto. Sabía que estaba participando en un milagro de la vida moderna.

LOS NECIOS RETIENEN LA INFORMACIÓN

Salomón dijo: "Los labios de los sabios esparcen conocimiento; el corazón de los necios ni piensa en ello" (Proverbio 15:7). O sea que los sabios difunden y propagan conocimiento. La persona sabia esparce la palabra, mientras que la persona necia no. He estado involucrado en varios proyectos en los que la discreción parecía ser la orden del día, pero por razones equivocadas. En una instancia, se retuvo información porque los que la poseían se sentían superiores a los que no. Era un símbolo de estatus y los que estábamos fuera mirando hacia adentro nos sentíamos inferiores al grupo que sabía cosas que nosotros no sabíamos. Era el "grupo exclusivista". Todos los demás éramos ciudadanos de segunda clase. Esto destruye el ánimo y desmoraliza a los que son tratados de tan mala manera. Como regla general, es mejor diseminar conocimientos que retenerlos. Lo que se comunica con humildad y prudencia es una bendición para todos los que lo reciben. La gente anhela información que tiene que ver con su vida, y el líder sabio sabe cómo comunicarla con sabiduría.

Hace muchos años atrás, experimenté personalmente los efectos de retener información de la gente. Mi esposa y yo estábamos en Fiyi llevando a cabo una tarea para el ministerio en la Universidad del Pacífico Sur en la ciudad de Suva. Volamos a Nandi para tomar un avión a Nueva Zelanda donde yo debía hablar en un retiro de hombres el fin de semana siguiente. Pero había un problema. Los empleados aeronáuticos que suministraban gasolina a los aviones en el aeropuerto de Auckland en Nueva Zelanda estaban de huelga. No había ningún vuelo desde Fiyi a Auckland. Día tras día caminamos al aeropuerto de Nandi para averiguar si había novedades, pero jamás tenían información. Luego, un día recibimos una llamada telefónica. Había un avión de Pan Am que iba a pasar por allí y que tenía algunos asientos disponibles por orden de llegada. La mañana siguiente estábamos en el aeropuerto. No éramos los primeros en la fila, pero no había mucha gente delante de nosotros. Fuimos al mostrador y nos dieron nuestras tarjetas de embarque. Pero había más problemas aún. Nadie estaba seguro de cuántos asientos estaban disponibles. Durante días nos habían tenido en suspenso sin ninguna información. Ahora, con las tarjetas de embarque en la mano, seguíamos en suspenso. ¿Nos embarcaríamos? Nadie sabía. Así que esperamos. Oramos. Y, créase o no, después de llegar el avión, aún nadie podía decirnos que sí o que no, si partíamos o no. No fue hasta el momento en que nos embarcamos en el 747 que pudimos tener la certeza de que partíamos. Fue una situación extraña: llena de suspenso y ansiedad. Y lo único que necesitábamos era información.

UN LÍDER CONTÍNUAMENTE INFORMA

En el verano de 1976, cuando tuve el privilegio de hablar en el servicio matutino de la Iglesia Bautista de Evergreen, me sorprendió ver que era un muchacho de catorce años el que leía las Escrituras, daba los anuncios y lideraba en oración. El pastor estaba sentado a mi lado y le pregunté acerca de ello. Me explicó que era una práctica que había sostenido durante muchos años. Esa semana era el turno del departamento de jóvenes de liderar el servicio. La semana siguiente, serían las mujeres de la iglesia quienes estarían a cargo, luego, la otra semana, los hombres, y así. Lo que me dijo fue importante: "Cuando me vaya, sabrán cómo manejar la iglesia tanto como yo." Este era un hombre que estaba esparciendo conocimientos entre su gente.

Es especialmente importante que los líderes *informen a la gente al comienzo de cualquier proyecto.* Esto ayuda a que el líder averigüe qué piensan los demás del proyecto. Si están entusiasmados, pueden nombrar a algunas personas de su grupo para que trabajen con el líder en la elaboración de los planes. Después de algún tiempo, cuando el líder sienta el respaldo de la gente y qué es lo que piensa Dios al respecto, debe reunir al grupo y exponer el plan.

- Esta es mi sugerencia de lo que tendríamos que hacer a continuación y por qué pienso de esa manera. ¿Qué piensan?
- Esta es la manera en que siento que Dios desea que lo hagamos, y lo que necesitamos hacer para llevar a cabo la tarea.
- Estas son mis sugerencias sobre la gente que tendría que asumir la responsabilidad de las diferentes fases del proyecto y las razones por las que ha sido sugerida.
- Esto es lo que nos habrá de costar en tiempo y dinero.

- Esta es la fecha en la que espero tener el trabajo finalizado.

El líder tendría que esparcir la palabra a todos aquellos que se verán afectados. Y el líder tendría que hacer todo lo posible para mantener informada a la gente en cada fase de la empresa.

El líder tiene que tener presente que la gente anhela información y que está feliz cuando la mantienen actualizada. "Panal de miel son las palabras amables: endulzan la vida y dan salud al cuerpo" (Proverbio 16:24). ¿Cuántas cosas conoce que sean saludables y dulces? No muchas. Desde nuestra infancia, nos dice: "No comas eso que vas a engordar... no comas aquello que se te van a pudrir los dientes... no comas aquello otro, no es bueno para ti."

Pero esto no ocurre con las palabras amables, porque son dulces y saludables. Cuando los líderes aplican este principio, descubren que la gente ama obtener información. Es saludable y los mantiene motivados, con la moral por los cielos. Salomón ofreció consejos sobre la clase de información que es valiosa.

1. *La información oportuna.* "Es muy grato dar la respuesta adecuada, y más grato aún cuando es oportuna" (Proverbio 15:23). La palabra oportuna es una bendición, tanto para el que la da como para el que la recibe, y el líder disfrutará compartir lo que sea útil. Pero hay un tiempo para hablar. Con mucha frecuencia, las palabras de un líder no son tan eficaces como deberían serlo porque son inoportunas. Hay "un tiempo para callar, y un tiempo para hablar" (Eclesiastés 3:7). Si un líder se precipita y comparte cuando la gente aún no está preparada, se equivoca. Si una persona espera demasiado tiempo, los rumores pueden apoderarse de la ocasión. Y cuando los rumores

vuelan en vez de que se disemine la verdad, el proyecto puede verse en serios problemas.

Santiago nos recuerda que la lengua puede hacer mucho daño.

> Así también la lengua es un miembro muy pequeño del cuerpo, pero hace alarde de grandes hazañas. ¡Imaginaos qué gran bosque se incendia con tan pequeña chispa! También la lengua es un fuego, un mundo de maldad. Siendo uno de nuestros órganos, contamina todo el cuerpo y, encendida por el infierno, prende a su vez fuego a todo el curso de la vida.
>
> (Santiago 3:5-6)

Si bien la lengua puede hacer mucho daño, cuando se utiliza correctamente, reparte bendición.

2. *La información exacta.* El líder se mantiene mediante la misericordia y la verdad. "La misericordia y la verdad sostienen al rey; su trono se afirma en la misericordia" (Proverbio 20:28). Cuando un líder practica decir la verdad a la gente en todas las situaciones, crecen la estabilidad y la confianza. Pero si la gente nunca está segura si le están diciendo la verdad, toda la operación es inestable. La gente no sigue a sabiendas a un mentiroso. El engaño y la falsedad son la muerte para un líder.

Un amigo me relató cierta vez un incidente que ilustra este punto. El pastor de una iglesia era llamado con frecuencia a concurrir a otras iglesias para conducir servicios de evangelización. Cuando regresaba a su congregación, les informaba sobre los resultados. Pero había un problema: sus informes eran siempre exagerados. Lo que su congregación escuchaba de boca de la gente de las iglesias que había visitado el pastor era siempre diferente de lo que él les había dicho. Algunos de los miembros de la congregación que el pastoreaba pensaban que era cómico, pero otros lo encontraban inquietante. "Si el nos miente sobre esto," decían, "tal vez nos esté mintiendo sobre otras cosas también." Comenzaron a resentirlo y pronto se convencieron de que tenían que despedirlo. Se realizó una votación y lo echaron. Los seguidores tienen que poder depender de la palabra de su líder.

3. *La información apropiada.* Un líder puede a veces compartir demasiada información con la gente. Hay ciertas cosas que es mejor callar o compartir con sólo unos pocos. Si el líder comparte ciertas cosas con los cristianos nuevos, les puede ocasionar un daño espiritual. Tal vez no tengan manera de relacionarse con esa información y podrían sentirse ofendidos. Podría sembrar semillas de duda o temor en su mente. Si lo toman a mal, se podrían enojar o amargarse. Nuevamente aquí vemos la importancia de que un líder conozca a la gente con la que está trabajando. Salomón dijo: "La lengua de los sabios destila conocimiento" (Proverbio 15:2). Esa es la esencia del tema. Un líder sólo tendría que compartir lo que la gente puede aceptar, asimilar y entender.

En 1958, yo estaba a cargo del ministerio de Los Navegantes en Lincoln, Nebraska. Un grupo de líderes jóvenes que mi esposa y yo estábamos capacitando estaban viviendo con nosotros en nuestra casa. Uno de ellos vino y me preguntó si uno de sus amigos podía mudarse a la casa por un par de semanas. Eran las vacaciones de primavera en la universidad y él no tenía dónde quedarse. Yo estaba en contra de esa idea. Era un creyente nuevo y el ambiente de nuestro hogar estaba orientado hacia un alto nivel de madurez cristiana. Pero Bob insistió. Probablemente creyó que le haría un gran bien a su amigo. Para no darle demasiada importancia a la situación, finalmente accedí, sabiendo que no era lo correcto.

El muchacho se mudó a nuestra casa y, al poco tiempo, comenzó a resentir algunas de las cosas que estábamos haciendo. Oración de madrugada… estudio bíblico de madrugada… conversaciones que no lograba entender. Se puso de mal humor. En unos pocos día se fue. No había podido asimilar las cosas que hacíamos y debatíamos. En vez de crecer durante su estadía, se fue desalentado. Aun cuando los líderes deberían normalmente ser abiertos y compartir libremente con la gente, hay veces en que tienen que elegir con cuidado la información que esparcen a ciertas personas.

4. *La información que motiva.* Salomón tuvo aquí una gran perspicacia: "El sabio de corazón controla su boca; con sus labios promueve el saber" (Proverbio 16:23). Este es uno de los versículos más poderosos de toda la Biblia sobre el tema de la motivación. Cuando el corazón motiva las palabras de un líder, ellas son persuasivas. Cuando un líder simplemente cita al general o doctor fulano de tal, las palabras no tienen el mismo impacto que si hubiera dicho: "Esta es una verdad que he experimentado en mi vida" y luego compartir desde lo profundo del corazón.

Todos podemos ver la diferencia entre una persona que meramente dice lo que leyó o escuchó y la que comparte lo que ha sentido y probado. La verdad oportuna que es esparcida debe provenir del corazón. Tiene que haber un convencimiento profundo que afiance el conocimiento que está siendo compartido. El corazón es el mejor comunicador. Cuando el corazón le enseña al líder qué decir, sus palabras serán más persuasivas. Hay convencimiento, vida, calidez y sinceridad: lo que comúnmente se llama *corazón.*

La comunicación requiere reflexión, esfuerzo y planeamiento. Pero vale la pena.

CAPÍTULO OCHO

SEA UN LÍDER ORIENTADO HACIA LOS OBJETIVOS

Jamás en su vida había esta mujer compartido su fe en Jesucristo con otra persona. Se estaba acercando a los cincuenta y tenía un ardiente deseo de dar su testimonio. Pero todo el asunto le parecía fuera de su alcance. Vivía una buena vida cristiana, pero no sabía por dónde empezar, qué decir o cómo hacerlo.

Nuestro grupo había sido invitado a su iglesia para conducir un seminario sobre cómo dar nuestro testimonio. Cuando esta mujer se enteró de nuestro seminario, estaba feliz. Había orado durante años poder recibir alguna ayuda práctica para convertirse en una testigo eficaz de Cristo. Tal vez esta sería la respuesta a sus oraciones.

La noche en que comenzó nuestro seminario, había concurrido un grupo bastante grande de gente. Se sentía un gran entusiasmo en el ambiente. Todas las semanas durante todo el verano habíamos estado llevando a cabo estos seminarios en el área de Washington, D.C., y este era el grupo más numeroso del verano.

Así que comenzamos. El plan era simple. Yo les di una breve descripción del programa de las dos noches y luego compartí unos pocos pasajes de las Escrituras sobre la importancia de atestiguar. Les dije que nuestro objetivo general era enseñarles a decirles a otros cómo establecer una relación con Jesucristo y que les enseñaríamos paso a paso cómo hacerlo. La primera noche la pasamos enseñando a la gente a dar su testimonio. Ya que la mayoría de ellos jamás lo había hecho, avanzamos lenta, simple y metódicamente por las Escrituras que hablaban del tema. Nuestro pasaje clave era Hechos 26, el cual registra el testimonio personal de Pablo ante el rey Agripa.

Dividimos la clase en pequeños grupos y nuestro equipo se puso a trabajar. Un miembro del equipo ayudaba a que cada persona formulara los hechos sobresalientes de su experiencia de conversión y crecimiento cristiano. La mujer tenía una historia algo común pero poderosa. Después de darle un momento para que ella lo pensara bien, un miembro del equipo le ayudó a escribirla. Ella ingresó en el espíritu del procedimiento con gran entusiasmo.

Luego dejamos caer el bombazo. La tarea ahora era ir a un amigo, vecino o pariente y contarles su historia. Aun cuando algunos estaban bastante nerviosos, la tarea no pareció preocupar demasiado a esta mujer. Había aguardado años para recibir esta clase de ayuda y no veía el momento de comenzar.

Reunimos nuevamente a todos los grupos, entonamos un himno, oramos y dimos por finalizada la reunión. Cuando la mujer se fue, pensó *¿Por qué esperar hasta mañana? Mi jefe está trabajando hasta tarde. ¿Por qué no ira a la oficina y ver si está dispuesto a escuchar mi historia?*

De modo que se subió al autobús que iba al centro, subió por el ascensor a la oficina y, por cierto, allí estaba su jefe. Él levantó la mirada y se sorprendió de verla.

Ella le dijo que estaba participando en un seminario y que parte de su tarea era dar su testimonio a alguien antes de la segunda sesión de la siguiente noche. Le preguntó si le agradaría escuchar su historia.

—Seguro, —él dijo—. Me serviré una taza de café, tomaré un descanso y la escucharé.

Así que ella comenzó. Le dijo lo que había sido su vida antes de aceptar a Cristo. Luego le relató las circunstancias que habían rodeado su conversión y lo que el Señor había hecho en su vida a partir de ese momento.

Cuando ella terminó el relato, el hombre se puso pálido. Visiblemente conmovido, le dijo: "Lo que escuché esta noche debe ser la razón por la que me salvé." Y le contó su historia.

Hace algunos años, lo habían invitado a un cóctel y camino a la fiesta tuvo no sólo una, sino tres llantas desinfladas y no había podido llegar. Después se había enterado de que casi toda la gente en la fiesta se había muerto envenenada por la comida. Sabía que Dios le había salvado la vida.

Ahora estaba esta amiga contándole esta maravillosa historia sobre su salvación en Cristo.

—Es maravilloso, —dijo él—. Pero, ¿puedo acaso experimentarlo yo también?

—Oh, —dijo ella—, no hemos llegado a la mejor parte aún. Eso viene mañana a la noche cuando aprenderemos a compartir el dibujo del puente. Tendrá que esperar hasta entonces.

La noche siguiente comenzamos nuestro segundo seminario pidiendo a los estudiantes que compartieran con el resto del grupo lo que había sucedido cuando dieron su testimonio. La mujer se puso de pie y nos relató la historia. Nunca he visto a una persona tan motivada a aprender cómo explicar la historia de la redención. Tomó detalladas notas, trató de entenderlo claramente y, cuando terminó el seminario, volvió al centro a contarle a su jefe el resto de la historia. Ella estaba ya en camino de convertirse en una testigo eficaz de Cristo. Le habíamos mostrado un objetivo que era alcanzable. Era algo simple y a su alcance. Le ayudamos a alcanzar el objetivo y, como resultado, ella avanzó feliz en la tarea de atestiguar.

En esta pequeña historia hay un principio importante. La gente necesita objetivos y necesita ayuda para alcanzarlos. A menudo, la situación requiere que ellos establezcan sus propios objetivos y un plan para determinar cuándo alcanzarlos. A veces —como en la situación en un aula de clase— el profesor les establece los objetivos y la agenda. Pero en cualquiera de los dos casos, la gente necesita objetivos a un nivel donde los puedan alcanzar. El buen liderazgo hace todo lo posible para ayudar a la gente a establecer esos objetivos, monitorear su progreso y seguir avanzando puntualmente, según lo planeado y concentrados en la meta.

CÓMO ESTABLECER OBJETIVOS

El fijarse metas es una idea extraña para mucha gente. De modo que los líderes avanzan muchas veces con lentitud cuando presentan el concepto a la gente con la que están involucrados. ¿Por qué necesita la gente objetivos? Se me ocurren de inmediato tres razones.

1. *Dirección.* La gente necesita metas para darle dirección a su vida. Es imposible que la gente avance hacia un objetivo, si no hay ningún objetivo. Es imposible que finalicen la carrera si no hay línea de llegada.

Digamos que el estado de Colorado está patrocinando un concurso de alpinismo. Treinta competidores se presentan en Boulder para participar en el gran evento. Se reúnen y el patrocinador del evento llega para darles instrucciones. Lo único que tiene en la mano es la pistola para dar la orden de largada

—Bueno, —dice—. ¡Vayan!

—¿Vayan? ¿A dónde? ¿A qué pico?

El ambiente se llena de quejas en voz alta. Nadie sabe a dónde ir ni qué hacer. Aunque sean los treinta mejores alpinistas del país, están paralizados porque no saben qué montaña escalar. No pueden funcionar así. El pueblo de Dios necesita objetivos que le proporcionen dirección.

2. *Progreso.* Las metas son importantes para garantizar el progreso. Sin ellas, la gente es como una silla mecedora, con movimiento pero sin avance. La ausencia de objetivos puede hacer peligrar la vida de una iglesia. La maquinaria de la iglesia puede funcionar en un torbellino de actividades tales como las reuniones de comité y demás, pero si no hay una meta principal hacia la que avanza el cuerpo de creyentes, el programa puede ser febril pero no va a ninguna parte.

3. *Logros.* La tercera razón para tener objetivos es cumplir un propósito. Aquél que dispara a la nada, da en el blanco. Si no tengo una meta, nunca sabré si he terminado. Puedo trabajar de día y de noche durante semanas, meses y años, pero sin un objetivo específico jamás podré completar la tarea. ¿Por qué? Porque no hay tarea. No he resuelto hacer nada que pueda medir. Por lo tanto, jamás hago nada mensurable. Aun cuando estas sean buenas razones para fijar metas, algunas personas sienten que la idea de establecer objetivos no es espiritual. Les suena como una labor hecha con la energía de la carne. ¡Y todos sabemos a dónde nos lleva eso y cuánto podemos lograr para la gloria de Dios!

LAS METAS Y LAS ESCRITURAS

Sin embargo, cuando observamos las Escrituras, encontramos evidencias de planes y objetivos bien pensados. En 1953, me mudé a Pittsburg para lanzar un ministerio en una universidad. Era mi primera tarea y necesitaba dirección. Uno de los pasajes que me dio el Señor era 1 Corintios 2:1-5:

> Yo mismo, hermanos, cuando fui a anunciaros el testimonio de Dios, no lo hice con gran elocuencia y sabiduría. Me propuse más bien, estando entre vosotros, no saber de cosa alguna, excepto de Jesucristo, y de éste crucificado. Es más, me presenté ante vosotros con tanta debilidad que temblaba de miedo. No os hablé ni os prediqué con palabras sabias y elocuentes sino con demostración del poder del Espíritu, para que vuestra fe no dependiera de la sabiduría humana sino del poder de Dios.

En el margen de mi Biblia, escribí: "Afirmado para el ministerio en Pittsburg el 25 de junio de 1953."

Cuando observamos ese pasaje, notamos que Pablo tenía un plan predeterminado que había cuidadosamente elaborado. También tenía un objetivo práctico. Su plan: predicar a Jesucristo crucificado. Su objetivo: que la fe de los cristianos en Corinto dependiera del poder de Dios.

Uno de los objetivos de Nehemías al reconstruir la muralla es que "ya nadie se burle de nosotros" (Nehemías 2:17). Salomón dijo en su plegaria de dedicación del templo:

> Óyelo tú desde el cielo, donde habitas, y concédele cualquier petición que te haga. Así todos los pueblos de la tierra conocerán tu nombre y, al igual que tu pueblo Israel, tendrán temor de ti y comprenderán

> que en este templo que he construido se invoca tu nombre. (1 Reyes 8:43)

Los cristianos deben pedir al Señor su guía específica sobre los planes específicos que avanzan hacia metas específicas. Pablo avanzaba hacia la meta. Dijo: "una cosa hago" (Filipenses 3:13). Tenía un objetivo.

LAS METAS DE LARGO ALCANCE

Los líderes deben ayudar a la gente a concentrarse primero en sus objetivos de largo alcance. Porque, a menos que la gente haya evaluado sus objetivos de vida en general, no tienen fundamento alguno para determinar las metas más inmediatas de todos los días. Ese, por supuesto, es el problema en la vida de la mayoría de los cristianos. Como sus vecinos no salvados, posiblemente tengan ciertas metas de largo alcance por las que luchan en su vida cotidiana. Tal vez se hayan establecido metas en el área de la seguridad financiera, la salud física, una vida feliz en familia y demás. Pero nunca se le ocurre a la gran mayoría de creyentes que tienen que fijarse ciertas metas de largo alcance del orden espiritual si es que quieren lograr cosas para el Señor o convertirse en las personas que Dios desea que sean.

Los objetivos pueden variar; pero a menos que la gente tenga metas de largo alcance ardiendo en su corazón, no tendrán base alguna para establecer sus actividades espirituales diarias. Sus metas de largo alcance determinan sus metas de corto alcance.

LAS METAS DE CORTO ALCANCE

Una vez que la gente ha determinado sus metas de largo alcance, el líder debe ayudarlos a determinar las metas de corto alcance que los ayudarán a lograr sus objetivos.

Una atleta tiene que aprender a dar sus primeros pasos como cualquier otra niña. Cuando estaba aprendiendo a caminar, sus padres la tomaron de las manos y la alentaron a tomar ese increíble primer paso. Y luego llegó ese momento mágico en el que se soltó y tomó el primer paso sin ayuda. Los padres estaban allí a su lado, sonriéndole, alentándola y felicitándola. Estaban a sólo un paso de distancia. Hubiera sido tonto de su parte haber tratado de hacer que la niña caminara atravesando toda la habitación. Eso vino más tarde. Porque pronto, ella estaba caminando sola, y luego corriendo, saltando y brincando. Y por fin, bajo la supervisión de un entrenador de pista, se preparó para los Juegos Olímpicos.

Las metas de corto alcance son esenciales para alcanzar las metas de largo alcance. Por ejemplo, digamos que el líder tiene un cristiano nuevo en el grupo cuyo principal objetivo es convertirse en un seguidor de Dios. ¿Qué hace el líder? ¿Alentarlo a que pegue un salto hacia delante? No, el líder le va a sugerir cosas de corto alcance que estén alineadas con sus metas de largo alcance. Por ejemplo, el líder puede sugerirle que todas las mañanas ore y lea su Biblia. ¿Por qué? Porque esas cosas están directamente conectadas con el objetivo. Así también lo están los estudios bíblicos, concurrir a la iglesia, memorizar las Escrituras y meditar en la Palabra. Una de las tareas del líder es ayudar a que la gente elija metas realistas y, generalmente, eso significa que no deben ambicionar ciertas metas que les resultarían demasiado difíciles de alcanzar.

Cuando estaba trabajando como representante de Los Navegantes en el medio oeste, solía hacer viajes frecuentes a la Universidad Estatal de Oklahoma. Uno de los nuevos conversos que conocí era Carl McCutchan. Carl era un cristiano nuevo que estaba ansioso por crecer. Joe Lee Holt, el hombre que lo había llevado a Cristo, le había sugerido que leyera el Nuevo Testamento. De modo que Carl comenzó a hacerlo. Lo cautivó de tal manera, que comenzó a dejar de lado sus estudios universitarios. Lo leía una y otra veces, entre ocho y diez veces por semana. No podía dejar de leerlo. Sus notas comenzaron a bajar y casi queda suspendido de la universidad. Cuando nos dimos cuenta de lo que estaba sucediendo, tuvimos que ir y decirle a Carl que tenía que encontrar un equilibrio. No deseábamos apagar su pasión por Cristo, pero tampoco deseábamos que fuera reprobado. Así que le ayudamos a fijarse algunas metas alcanzables que le ayudarían a permanecer en la universidad y crecer espiritualmente a la misma vez.

Un invierno, nuestra familia fue a Steamboat Springs por unos pocos días a esquiar. Randy llevó su cámara para tomar fotografías de algunas de las actividades en las pistas de esquí. Le sacamos fotos haciendo varias piruetas temerarias.

Al mirar las fotografías, me acordé de sus primeras veces esquiando cuando lo llevaba Mark Sulcer con algunos de sus amigos y les enseñaba las cosas básicas: cómo barrer la nieve en la pista para principiantes, cómo girar, cómo ponerse en paralelo y demás. Cosas muy fáciles, lentas y simples. Pero cosas necesarias para poder convertirse en la clase de esquiador que puede bajar velozmente por cualquier pista de la montaña. Esas eran metas de corto alcance muy fáciles de lograr que estaban en línea directa con su meta de largo alcance: convertirse en un experto esquiador.

Las metas de corto alcance son necesarias para la motivación y la moral. Salomón dijo: "El deseo cumplido endulza el alma" (Proverbio 13:19). Dividir un proyecto en pequeñas unidades alcanzables mantiene a la gente entusiasmada. Francamente, es por eso que yo generalmente sugiero que la gente comience un estudio del Nuevo Testamento estudiando algunos de los libros más breves. A un capítulo por semana, sólo lleva tres semanas completar el libro de Tito, cuatro semanas el de Colosenses, cinco semanas para 1 Juan y demás. Una vez que la gente ha realmente completado un estudio de unos pocos de los libros del Nuevo Testamento, pueden largarse a completar uno de los más extensos. Pero si comienzan con Mateo, pasan 28 semanas antes de poder pasar a otro libro. Sin embargo, si después de sólo tres semanas se ha "cumplido el deseo" de haber realmente estudiado un libro completo de la Biblia, las personas se sienten motivadas por haber alcanzado ya su meta. Después de algunos años habrán estudiado todo el Nuevo Testamento; pero, para comenzar, necesitan ese incentivo del deseo cumplido. "La esperanza frustrada aflige al corazón; el deseo cumplido es un árbol de vida" (Proverbio 13:12). Una larga espera puede significar desaliento. Es importante que ayudemos a los demás a alcanzar algunos de sus objetivos, darles una sensación de logro y ayudarlos a cobrar impulso.

La gente necesita ayuda para determinar cuál es la meta que les ha fijado Dios, y luego hacer que las metas de Dios sean sus metas. Salomón dijo que el deseo cumplido es dulce para el alma. Sin embargo, no todos los deseos cumplidos lo son. Note el Salmo 106:15: "Y él les dio lo que pidieron, pero les envió una enfermedad devastadora". Un pasaje paralelo a este es Eclesiastés 2:10-11:

> No les negué a mis ojos nada que desearan ver, ni conscientemente me aparté de placer alguno, porque en lo íntimo disfruté de todos mis afanes. ¡Ésa fue la recompensa de todos mis afanes! Luego me puse a considerar todo lo que yo había hecho con mis manos, y el trabajo que me costó realizarlo, ¡y resultó que todo era vanidad y aflicción de espíritu! ¡Nada es provechoso bajo el sol!

De estos pasajes, podemos ver que la satisfacción proviene de alcanzar aquellas cosas que Dios deposita en nuestro corazón. El deseo cumplido de la carne carece de toda satisfacción. Es hueco y lleno de desilusión. Pero el cumplimiento de algo que Dios ha colocado en nuestro espíritu es dulce al alma.

LAS METAS Y LOS LOGROS

Salomón sugirió la manera de garantizar que los objetivos aporten como resultado una sensación de plenitud y satisfacción. Dijo: "Pon en manos del Señor todas tus obras, y tus proyectos se cumplirán" (Proverbio 16:3).

Los líderes les tienen que enseñar a sus seguidores a buscar activamente la voluntad de Dios y basar sus planes en ella. Sin duda, Salomón aprendió esto de su padre David que dijo: "Encomienda al Señor tu camino; confía en él, y él actuará" (Salmo 37:5).

Hay dos razones por las que encomendamos nuestros planes y programas al Señor. Primero, porque todos nuestros planes han de ser para la gloria de Dios. Él tiene que dar el plan y recibir la gloria cuando lo concretamos. Segundo, nuestros planes son demasiado pesados como para cargarlos a solas. De hecho, la palabra *encomendar* significa literalmente "transbordárselos a él, como una carga demasiado pesada como para acarrearla nosotros mismos."

El avanzar con los planes dados por Dios con fe, humildad y una dependencia total de él, con el sólo propósito de darle a Dios la gloria, es el camino seguro hacia el éxito. Dios nos ha dado la responsabilidad de planificar. "Del corazón del hombre surgen los planes" (Proverbio 16:1, RVC). La palabra *planes* sugiere la idea de colocar las cosas en su orden correcto. Vemos la misma imagen en la historia de Abraham, quien "construyó un altar y preparó la leña" (Génesis 22:9). Dios nos ha dado un cerebro y espera que lo usemos.

El planear y organizar —colocando las cosas en su debido orden— son responsabilidades que pesan sobre los hombros de los que sirven a Dios. Los buenos líderes van a enseñar a sus seguidores cómo hacer esas cosas.

LAS METAS Y LA PERSEVERANCIA

El enseñar a la gente a determinar cuáles son las metas que Dios tiene para ellos y atenerse a ellas no es siempre tarea fácil para un líder. Es muy fácil para los seguidores dejarse persuadir por otras personas, permitiendo que influyan en sus objetivos. El apóstol Pablo advirtió: "Cada cual examine su propia conducta; y si tiene algo de qué presumir, que no se compare con nadie" (Gálatas 6:4). Pablo describe a la persona que repasa su vida y se siente bien al ver lo que ve. No ha sido motivada por una comparación malsana con los demás.

Es difícil, no obstante, impedir que otros nos influyan y escuchar sólo a Dios.

Hace algún tiempo, un amigo mío habló con un grupo de estudiantes del seminario sobre los elementos básicos de la vida cristiana. Mientras hablaban, esos hombres expresaron que la mayor sensación de fracaso durante los años en el seminario provenía del hecho de no haber podido mantener un programa constante de oración y lectura bíblica y estudio personal de la Biblia por la mañana. Al conversar mi amigo con ellos un poco más, descubrió que cuando ellos se vieron atrapados en el sistema académico en su escuela, comenzaron a competir por las mejores notas en los cursos. Cuando miraron a su alrededor y vieron que otros estudiantes se sacaban mejores notas que ellos, comenzaron a pasar más tiempo estudiando para mejorar sus notas. Pronto se dieron cuenta de que su vida estaba tan absorbida por lo académico que ya no tenían tiempo de reunirse personalmente con Dios cada día. Aun cuando estos hombres sabían que la relación personal con Dios tenía que ser la prioridad absoluta en su vida, habían modificado sus metas y ahora era el tener buenas notas lo que se había convertido en su total prioridad. El compararse con sus pares los había alejado de una de las metas que tenía Dios para ellos.

Aquí corresponden las palabras de Pablo: "Así que cada uno de nosotros tendrá que dar cuentas de sí a Dios" (Romanos 14:12). Dado que somos responsables ante Dios, nuestras metas tienen que provenir de él.

Los líderes tienen que ayudar a la gente a mantener esta perspectiva. Pueden ayudar a que la gente establezca metas razonables y alcanzables. Sin embargo, deben tratar de no inculcarles sus ideas y normas a la fuerza. Deben dejar que Dios le hable a los demás y les muestre qué es lo que deben hacer en su nivel actual de compromiso y crecimiento. Entonces, cuando las personas alcanzan los objetivos fijados, pueden regocijarse y dar gracias al Señor. Si no los alcanzan, pueden ir al Señor y pedirle su continuo perdón y fortaleza. Ellos son los responsables frente a Dios en todo esto.

LAS METAS Y LA ACCIÓN

Las responsabilidades de los líderes no terminan después de haber ayudado a sus seguidores a establecer metas de corto y largo alcance. A continuación, les deben mostrar cómo poner en acción dichas metas.

1. *La elección del momento oportuno*. Es importante enseñarle a la gente cuándo actuar. Es tan peligroso abalanzarse demasiado rápido como rezagarse. El saber cuándo hacer algo tiene el mismo peso y las mismas consecuencias que saber qué hacer. Cierta vez estaba conversando esto mismo con el presidente de una misión cristiana

internacional. Él había recibido una carta de un director en el campo de operaciones que hablaba de un plan que estaban considerando. Habían establecido cuidadosamente sus objetivos y deseaban su consejo. Estaban ansiosos por comenzar y pidieron que el presidente leyera su carta y luego los llamara por teléfono, con la esperanza de que les daría el visto bueno para avanzar. Al conversar sobre este asunto, el presidente dijo: "Pienso que están en el camino correcto, pero no es el momento oportuno de hacerlo. Están un año adelantados. Mi consejo es que esperen."

No puedo exagerar la importancia de hacer las cosas en el momento oportuno. Aun cuando la gente sienta el fuerte impulso de meterse de lleno en algo, hay que enseñarles a moderar sus emociones con sabiduría y discreción.

2. *La puesta en práctica.* Los líderes tienen que estar seguros de que su gente sabe cómo implementar las metas que se han establecido. El saber qué hacer y cuándo hacerlo pero no saber *cómo* genera frustración. Hace muchos años estaba yo discipulando a un potencial trabajador joven y nos vimos confrontados por ese problema. Hacía ya meses que estaba debatiendo si renunciar o no de las fuerzas aéreas. Nos reunimos noche tras noche en su barraca considerando los pros y los contras. La decisión parecía oscilar de un lado a otro. Una noche parecía que lo obvio sería que se quedara en las fuerzas aéreas. La noche siguiente, parecía mejor que renunciara. Por fin, después de meses de oración y debate, él determinó que la voluntad de Dios era que se apartara de las fuerzas aéreas. Su meta era servir al Señor como misionero en el extranjero. Planeó dejar el servicio e ir tras este objetivo. Pero luego nos enfrentamos al siguiente problema. ¿Cuál sería el momento de hacerlo? ¿Cuándo debería dejar las fuerzas aéreas? Así que nuevamente oramos y debatimos noche tras noche, sentados

sobre su catre en la barraca. Después de algunos meses se levantó la neblina y vimos claramente la respuesta. Se iría el verano siguiente para comenzar la universidad en el otoño. Pero, ¿dónde? Había un colegio en Nebraska al que podía concurrir. Y había otro en su estado natal de Illinois. Pero cuanto más hablamos sobre ello, cuanto más parecía sentir que debía concurrir a una universidad en la costa oeste. Hice algunas llamadas telefónicas a un amigo mío que vivía en Los Ángeles y él pudo ayudarlo a concretar los detalles de la vivienda y el empleo. Parecía que la meta estaba fijada, el momento oportuno estaba decidido y todo estaba bien. Pero luego surgió un problema. Su novia en Illinois estaba en contra de la idea y él comenzó a vacilar. De modo que lo alenté a entregar el asunto a Dios en oración. El Señor resolvió la situación de una manera hermosa.

Y yo aprendí que no era suficiente ayudar a este joven a establecer sus objetivos y fijar la fecha: yo era también responsable de ayudarlo a ir con esmero tras las metas que se había fijado.

CAPÍTULO NUEVE

SEA UN LÍDER DECIDIDO

En el otoño de 1951, nuestra familia se mudó a Seattle, donde Los Navegantes estaban ofreciendo capacitación para consejeros y seguimiento para una Cruzada de Billy Graham. Me escogieron para trabajar en la sala de consejería, lo cual significaba que tenía que colocar sillas y materiales de consejería junto a ellas, asegurarme cada noche de que las sillas estuvieran limpias, hacer recados y demás. Esos días eran apasionantes: yo era un cristiano bastante nuevo y me encantaba ver cómo una multitud de gente pasaba al frente cada noche cuando el doctor Graham extendía su invitación.

Cada noche, después de finalizada la reunión, parte del pequeño equipo de Navegantes tomaba las tarjetas de decisión y se ponía a trabajar. Le enviaba a cada persona una carta de aliento. Los pastores cuyas congregaciones estaban situadas cerca de los hogares de estas personas eran notificados. El equipo trabajaba hasta muy entrada la noche, noche tras noche. Después de varios días los muchachos y muchachas comenzaron a estar un poco cansados. Una noche, después de una respuesta particularmente abundante, la pandilla estuvo trabajando hasta la madrugada. Habían estado haciéndolo ya durante muchas horas, cuando pasó uno de los vigilantes de seguridad nocturnos. Era evidentemente amistoso.

—¿Cómo va la cruzada? —preguntó.

Uno de los jóvenes Navegantes lo miró con sus ojos rojos por el cansancio y le respondió algo ronco: "Oh, las reuniones son magníficas. Pero estas decisiones me están matando."

Por supuesto, lo que había querido decir era que costaba mucho trabajo sacar esas cartas la misma noche para enviárselas a todos los que habían respondido a la invitación de recibir a Cristo en su vida. Pero aquellos de nosotros que escuchamos la historia la aplicamos de otra manera también. La frase se convirtió en un eslogan entre el personal. Cada vez que nos enfrentábamos a una decisión particularmente difícil como qué plan seguir o qué ruta emprender en el área del ministerio, nos acordábamos de la verdad de esa frase. No era el ministerio en sí que era difícil. De hecho, todos amábamos la oportunidad de estar involucrados en la tarea de evangelización y de ayudar a crecer a los nuevos conversos. Pero cuando aparecían decisiones difíciles, respondíamos de la manera en que el trabajador de seguimiento había respondido a la pregunta del vigilante de seguridad nocturno: "El ministerio va muy bien. Pero estas decisiones me están matando."

LAS DECISIONES SON DIFÍCILES

Muchos líderes se sienten de esta misma manera. Aman el ministerio, pero las decisiones que tienen que tomar son a menudo el aspecto más difícil de su labor. Una vez recibí una carta de un hombre responsable por un extenso programa misionero. Dado que el país en el que estaba sirviendo no parecía dispuesto a renovarle la visa, tenía que decidir a quién recomendar para que ocupara su puesto como líder del ministerio.

Un capellán de las fuerzas armadas recibió una invitación de una iglesia para que fuera su pastor. ¿Tendría que quedarse en el ejército o irse?

Un piloto en las fuerzas aéreas me habló varias veces por teléfono para contarme su dilema. Debido a su extraordinario ministerio de evangelización entre sus colegas oficiales, muchos sentían que debería dejar las fuerzas aéreas para ir al seminario. Sentían que sería un maravilloso líder cristiano que podría beneficiarse inmensamente de la capacitación del seminario.

¿Por qué es tan difícil tomar decisiones? Me senté con mi familia y les pregunté si habían tenido alguna vez dificultad para tomar una decisión. Me dijeron que sí. De modo que les pregunté que hacía que fuera tan difícil. Esta es una lista de las cosas que mencionaron:

1. *Confusión sobre la voluntad de Dios.* Con frecuencia, lleva muchas semanas, meses o años descubrir la voluntad de Dios acerca de un asunto en particular.

2. *El deseo de no lastimar a nadie.* Algunas decisiones traen consecuencias que afectan la vida de muchas personas. Tal vez no nos agrade la idea de incomodar a los demás.

3. *Un desagrado por la impopularidad.* Esto lo puede afectar todo, desde la ropa que usamos a si dar o no testimonio. Algunas decisiones traen reacciones poco favorables.

Cuando finalizaron, decidí agregar algunas cosas más a la lista.

4. *Demasiado ocupado.* Uno no tiene tiempo para pensar en el asunto.

5. *Cobardía.* Uno está simplemente asustado de avanzar y decidir.

6. *Ignorancia.* Uno no tiene todos los datos necesarios para tomar la decisión.

7. *Orgullo.* Si estamos consumidos por el orgullo, no pensaremos con claridad. Nuestra mente no nos va a revelar el mejor plan sino el plan que nos traerá la mayor gloria. Tomar decisiones es a menudo difícil, pero es imperioso tomar la decisión correcta. ¡Un giro equivocado en un viaje de Minneapolis a Dallas y uno podría terminar completamente fuera de Texas! Uno podría terminar en Nueva Orleáns o en Los Ángeles. Eso mismo sucede cuando tomamos una decisión. Una decisión equivocada puede enviarnos al camino que lleva a la destrucción. El tomar decisiones es un arte que usted como líder tiene que dominar. No hay nada que nos desanime más que seguir a una persona que constantemente nos lleva por el camino equivocado.

¿CÓMO HEMOS DE TOMAR BUENAS DECISIONES?

¿Cómo podemos garantizar que habremos de tomar una buena decisión? Algunos de los elementos básicos de la toma de decisiones emergen de las Escrituras. Salomón dijo: "Hay caminos que al hombre le parecen rectos, pero que acaban por ser caminos de muerte" (Proverbio 16:25).

1. *Reconozca las malas decisiones.* Es importante que se dé cuenta de que, como ser humano, usted es propenso a tomar malas decisiones. Jesús habló de esto: "Los expulsarán de las sinagogas; y hasta viene el día en que cualquiera que los mate pensará que le está prestando un servicio a Dios" (Juan 16:2). Pablo admitió el mismo problema: "Pues bien, yo mismo estaba convencido de que debía hacer todo lo posible por combatir el nombre de Jesús de Nazaret" (Hechos 26:9).

Es fácil aceptar lo que "parece" correcto y caminar en una ilusión creada por uno mismo. Por esa razón, Salomón advirtió: "Necio es el que confía en sí mismo" (Proverbio 28:26). El profeta Jeremías describió el corazón humano como engañoso (Jeremías 17:9). ¿Quién entre nosotros pondría repetidas veces su confianza en aquél que constantemente miente y engaña? Sin embargo, muchos lo hacen. Los líderes no deben permitirse caer en esa trampa. Dado que tenemos en nosotros el potencial de cometer toda clase de pecados, tomar toda clase de malas decisiones, emprender acciones imprudentes, juzgar equivocadamente y tomar pasos en falso desde el despuntar de la historia, les corresponde a los líderes buscar afuera afuera de ellos mismos cuando tienen que tomar una decisión.

Fue una mala decisión la que llevó a Eva a seguir el consejo del diablo. Fue una mala decisión la que llevó a Aarón ha fabricar el becerro de oro. Fue una mala decisión la que llevó a David, un hombre que amaba al Señor, a revolcarse en el lodo de la inmoralidad, asesinatos y engaños. Fue una mala decisión la que llevó a Salomón a adorar dioses falsos e involucrarse con mujeres extranjeras. La naturaleza de la humanidad es tomar malas decisiones. Esto se puede aplicar a la más simple de las cosas.

Una primavera, me pidieron que fuera el orador en una conferencia de fin de semana de Los Navegantes en Indiana. Cuando llegué, fui recibido por un par de miembros del personal quienes me informaron que habían venido muchos más estudiantes de lo anticipado. Por esa razón, todos los dormitorios estaban ocupados. Me habían reservado una litera en una habitación con otras tres personas del grupo. Sin pensar o hacer ninguna pregunta, dije: "Está bien."

De lo que no me había dado cuenta era que en esa habitación apenas entraba una sola persona. Además, yo no sabía que estábamos ubicados justo al lado de la puerta del pasillo que chirriaba y golpeaba. Y no sabía que los otros tres hombres en la habitación roncaban muy fuerte. De hecho, entre los Navegantes de Indiana, se los conocía como la Pandilla de la Motosierra.

Había llegado un poco cansado, así que el sábado por la noche me fui a dormir temprano.

Alrededor de las once y media, doce, vinieron y se fueron a la cama. Todos empezaron a roncar. Me despertó una variedad de sonidos: truenos, repiqueteos, silbidos, ruidos profundos en la garganta, y me mantuvieron despierto. Después de tratar de dormir a pesar de todo, finalmente agarré mi frazada y me fui al comedor donde había un sofá de plástico contra la pared. Me acosté allí alrededor de las cuatro de la mañana y me acababa recién de dormir cuando llegaron los cocineros a las cinco. Había tomado una mala decisión. Cuando lo pienso, me doy cuenta de que me podría haber ahorrado muchos problemas si hubiera hecho algunas preguntas, evaluando la situación y tomando una decisión más inteligente.

2. *Defina el problema.* Para tomar buenas decisiones, tiene que preguntarse: ¿Cuál es el verdadero problema aquí? ¿Cuál es el problema real que estamos tratando de resolver? Mi necesidad en la conferencia era dormir. Yo supuse que si me habían proporcionado una habitación, iba a poder dormir. Pero no fue así. Una simple pregunta tal

como: "¿Será lo suficientemente silenciosa como para poder dormir?" me habría proporcionado la información necesaria para tomar una buena decisión. Había un pequeño motel barato allí cerca que podría haber estado disponible y me habría dado lo que yo necesitaba. Me decisión me había parecido correcta. Pero no lo fue.

Las palabras de Pablo son claras: "Así que tengan cuidado de su manera de vivir. No vivan como necios sino como sabios" (Efesios 5:15). Pablo aconseja mirar hacia ambos lados. Esa es la advertencia a la que el líder debe prestar atención: mirar ambos lados del problema, estudiar los asuntos y evaluar la situación antes de tomar una decisión. Para evaluar adecuadamente los problemas, los líderes tienen que primero tratar de obtener todos los datos y abundante información correcta.

3. *Escuche antes de responder.* Aun cuando piense que ya sabe lo que tiene que hacer, es sabio sondear más. "Es necio y vergonzoso responder antes de escuchar" (Proverbio 18:13). La mejor manera de lidiar un líder con un problema es escuchar primero todos los hechos.

Participé una vez de una reunión del Equipo de Liderazgo Internacional de Los Navegantes. Nos reuníamos todos los días y debatíamos una amplia variedad de asuntos importantes que afectaban el ministerio. Un día nos pasamos muchas horas debatiendo las diversas facetas de un problema particularmente complicado. Al final del día, Lorne Sanny nos agradeció por haber tenido un buen día de ardua labor. Luego dijo: "Cuando llegué esta mañana a la reunión, tenía lo que yo pensaba que sería una solución para el problema. Pero gracias a ustedes señores, ahora tengo mucha más luz y puedo ver los problemas con una perspectiva más clara. Estoy seguro de que estamos ahora en un rumbo mucho mejor." No respondió hasta que se tomó el tiempo de escuchar. A menudo los líderes fracasan en esto. No desean escuchar las cosas con las que no están de acuerdo. Entra el orgullo y creen que saben qué es lo mejor.

Los amigos de Job fracasaron en este punto. Job, por otro lado, se tomó el tiempo necesario para investigar lo que desconocía. Potifar no se tomó el trabajo de averiguar qué había sucedido cuando su esposa le dijo mentiras acerca de José (Génesis 39:17-20). La ley de Dios prohíbe la locura de responder a un asunto antes de conocer los hechos (Deuteronomio 13:12-14).

4. *Ofrezca sugerencias para compartirlas.* Después de sentirse satisfecho de que sabe cuáles son los verdaderos problemas, ya está listo para tomar el siguiente paso en la toma de decisiones. Ahora que ha aislado el verdadero problema, debería reunir a sus asesores y permitirles que le ofrezcan lo que piensan que sería la mejor solución al problema

Esto fue precisamente lo que afirmó Salomón: "Cuando falta el consejo, fracasan los planes; cuando abunda el consejo, prosperan" (Proverbio 15:22). Los líderes tienen que proporcionar un ambiente tolerante donde la gente sienta la libertad de ofrecer todo aquello que piensen que podría funcionar. Los líderes tienen que permitir que la gente aporte sus ideas.

Si los líderes son lo suficientemente afortunados de tener personas a su alrededor que les ofrecen sugerencias son muy bendecidos. Aquellos que son sabios se dan cuenta de las limitaciones de su entendimiento. Saben que necesitan ayuda. Muchas mentes dedicadas a un problema podrán sin duda ver más facetas diferentes que si una sola persona lucha con él. Y al hablar sobre ello, surgirán más ideas aún. Toda empresa necesita mucha guía y consejos para garantizar que avance en la dirección correcta. Toda la imagen aquí es la de líderes respetando y prestando mucha atención a los consejos piadosos de sus asesores. Durante la consulta, el grupo debería buscar diferentes caminos y diversas soluciones. Se tendrían que concentrar en las alternativas.

Este ejercicio tiene muchas ventajas, incluso en los simples asuntos de la vida diaria. Digamos que el automóvil viejo finalmente llegó al punto en que necesita ser reemplazado. Y digamos que hay un hijo adolescente en la familia que acaba de obtener su licencia de conducir. El papá quiere un coche mediano de cuatro puertas color vainilla. El hijo piensa que un coche sport es lo que tienen que comprar. ¿Qué hará el papá? ¿Decirle a su hijo que se calle la boca? ¿Decirle que su idea es tonta? No. Si es inteligente, va a pasar varios fines de semana con su hijo visitando concesionarias de autos, conversando sobre ello, contemplando todos sus ángulos: viajes familiares, vacaciones, compras, el costo del seguro y todo lo demás. Lo más probable es que ambos tengan que ajustarse un poco y llegar a una decisión que le convenga a toda la familia.

El hablar con los demás sobre una decisión tiene muchas ventajas. Primero, habrá una mayor cooperación para llevar adelante la decisión si la gente sabe que participa en el proceso. La otra es claridad. Por cierto, si más de una persona está involucrada, habrá más claridad y más datos que aportar. Además, los líderes van a detectar quiénes son los pensadores creativos y quiénes son los que piensan en forma conceptual. Esto tiene mucho valor cuando están buscando futuros líderes que capacitar.

Durante este período, es mejor que los líderes se guarden sus pensamientos. Si dicen lo que piensan, eso podría sofocar el debate. Los líderes tendrían que sentarse allí inteligentemente ignorantes, absorberlo todo, obtener la mayor luz posible y dejar que la gente hable. Salomón dijo: "Todo tiene su momento oportuno… [hay]

un tiempo para callar, y un tiempo para hablar" (Eclesiastés 3:1, 7). Nos recuerda que el corazón sabio sabe "cuándo y cómo acatarlas" (Eclesiastés 8:5).

5. *Reduzca el campo de acción.* Después de que se hayan ofrecido varias soluciones es sabio de su parte hacer una especie balance. Trate de pensar en todas las posibles consecuencias de las soluciones ofrecidas. Esto va a reducir de alguna manera el campo de acción.

Al contemplar todas las posibles soluciones, los líderes tienen que cuidarse de la asesora que piensa que lo sabe todo y se pregunta por qué los líderes no emprenden una acción inmediata. Esta es a menudo la persona que tiene respuestas, y que se pregunta: "Por qué hacer una causa federal de todo esto? Lo hemos hecho de esta manera durante diez años: ¿por qué no ahora? Ella no se da cuenta de que lo que ha funcionado en la década pasada podría no ser lo correcto para el presente. Los líderes tienen que tomarse el tiempo para considerar todas las alternativas que les sugieran sus asesores.

6. *Espere en Dios.* Cuando haya hecho esto, ha llegado el momento de tomar el siguiente paso: esperar en Dios. Orar, entregar todo al Señor. "Pon en manos del Señor todas tus obras, y tus proyectos se cumplirán" (Proverbio 16:3). La vital y energética unión de la fe y la oración le permitirá establecer sus pensamientos en la voluntad de Dios. La gloria de Dios debe estar en el corazón del asunto. Pero esperar en Dios no es sencillo.

Sí, es importante que los líderes aclaren cuál es el verdadero asunto. Y es importante que reciban consejos y busquen las mejores soluciones y rutas alternativas. Pero es imperativo que los líderes esperen en Dios. Y aquí está el gran fracaso. En mis conversaciones con personas en puestos de liderazgo por todo el mundo, esta es el área donde la mayoría tiene problemas.

Viajan al trabajo en medio del ruido del tráfico: autobuses, trenes, automóviles. En el trabajo están rodeados de los sonidos de los teléfonos, los teclados, conversaciones entre cubículos, lo que sea. Y así es durante todo el día. El estar en silencio delante de Dios es difícil. Hay siempre lugares donde ir, gente que ver y cosas que hacer. Pero a pesar de todo esto, los líderes deben apartarse a un lugar privado y esperar en Dios.

El profeta Isaías lo supo decir bien: "Pero los que confían en el [Señor] renovarán sus fuerzas; volarán como las águilas: correrán y no se fatigarán, caminarán y no se cansarán" (Isaías 40:31). Por cierto lo vemos en la vida de los profetas, apóstoles y nuestro Señor Jesús mismo.

Naturalmente, el trabajo tiene que continuar y con mucha frecuencia, los líderes se tienen que ocupar de otras cosas. Pero deben pasar algún tiempo cada día solos delante de Dios. El rey David lo dijo con vehemencia: "Aguarda a Jehová; esfuérzate, y aliéntese tu corazón; sí, espera a Jehová" (Salmo 27:14, RVR 1960). Esta actitud de fe y dependencia es un gran antídoto para la ansiedad y el desasosiego. Los líderes que pasan mucho tiempo con Dios avanzan con la confianza de que el Señor ha establecido sus pensamientos y que los conduce hacia la decisión correcta.

7. *Tome la decisión.* Cuando llegue el momento de decidir, tome la decisión. Salomón observa: "El corazón del hombre traza su rumbo, pero sus pasos los dirige el Señor" (Proverbio 16:9).

Dios nos ha dado una mente y espera que la usemos. Nos ha dado el poder de elegir. Tenemos que pensar, orar, recabar información y hacer todo lo que podamos para descubrir el verdadero problema y evaluar la situación con claridad. Sin embargo, mientras lo hacemos, tenemos que recordar que en el análisis final es el Señor quien dirige: "El corazón humano genera muchos proyectos, pero al final prevalecen los designios del Señor" (Proverbio 19:21). David escribió: "Pero los planes del Señor quedan firmes para siempre; los designios de su mente son eternos" (Salmo 33:11). Y el Señor dijo a través del profeta Isaías:

> Recuerden las cosas pasadas, aquellas de antaño;
> yo soy Dios, y no hay ningún otro,
> yo soy Dios, y no hay nadie igual a mí.
> Yo anuncio el fin desde el principio;
> desde los tiempos antiguos, lo que está por venir.
> Yo digo: Mi propósito se cumplirá,
> y haré todo lo que deseo.
>
> (Isaías 46:9-10)

Es verdaderamente un misterio cómo Dios alcanza sus propósitos eternamente establecidos a través de personas a quienes les ha dado una mente, una voluntad y responsabilidad. No somos títeres. Tenemos la libertad de tomar nuestras propias decisiones. Sin embargo, Dios está a cargo y mueve todo hacia sus propósitos. Las buenas decisiones son esfuerzos en equipo que emplean nuestro libre albedrío y la soberanía de Dios. Tenemos que sabiamente planear nuestro camino pero, al hacerlo, tenemos que depender de la dirección de Dios.

Los líderes se ganarán la confianza y el respeto de la gente con esta señal de prudencia. Si la gente ve que los líderes entienden su trabajo y son meticulosos, los siguen de buena gana. Cuando la sabiduría es lo que distingue las palabras y acciones de un líder, otros se le unirán para lograr llevar a cabo la tarea.

Pero también necesitan ver que el líder exhibe una confianza absoluta en Dios. Los líderes no pueden ser vistos confiando en su propio entendimiento.

8. *Realice un seguimiento.* Lo último que le queda por hacer es implementar la solución. Nuevamente, esto es un esfuerzo en equipo.

Pablo nos recuerda: "Todo lo puedo en Cristo que me fortalece" (Filipenses 4:13). "Todo lo puedo" expresa el elemento humano del proceder con discreción y sabiduría. "En Cristo" expresa una total dependencia de Dios en fe.

Incluido en el seguimiento inmediato se encuentran estos asuntos: ¿Qué es necesario hacer inmediatamente? ¿Quién es la mejor persona para ocupar el puesto? ¿Cuándo necesita ser completado? ¿Cuál será el costo?

La moral alta y el entusiasmo en las filas acompañan al líder que es diligente y lidera a la gente por el camino correcto prestando un servicio constructivo y productivo al Señor. Nadie se siente cómodo de seguir a una persona que continuamente toma malas decisiones. Un líder eficaz sabe cómo tomar buenas decisiones.

CAPÍTULO DIEZ

SEA UN LÍDER COMPETENTE

Supongamos que usted es parte de un equipo de fútbol. De repente, el entrenador se enferma y tiene que renunciar. Se acercan algunos partidos importantes, así que usted y los otros jugadores se preguntan qué le ocurrirá al equipo. Luego, una mañana, el patrocinador del equipo reúne a los jugadores y les informa que ha encontrado un entrenador. Pronto conocen al nuevo entrenador y comienzan las sesiones de entrenamiento.

El entrenador tiene muchas cualidades admirables. Muestra preocupación e interés personal en los jugadores y sus familias. Es generoso, atento y sociable. Tiene una actitud alegre, una sonrisa placentera y parece realmente disfrutar al equipo.

Trabaja duro, siempre es puntual, está disponible y se entrega sin reservas al equipo. Se ríe mucho y hace bromas y mantiene a todos de buen humor. Dicho simplemente, es un buen tipo. Pero pronto se pone en evidencia que tiene una falta sobresaliente: no sabe nada de fútbol. Y ese hecho ensombrece todo el resto. ¡Es incapaz de llevar adelante la tarea!

Hace algunos años observé esto en una organización. Uno de los hombres que ocupaba un cargo bastante alto había sido ascendido y habían nombrado a alguien nuevo para ocupar su lugar. Al principio, todos estaban contentos con él. Tenía todas las cualidades de un buen boy scout: era confiable, leal, práctico, cortés, amable, obediente, alegre, frugal, valiente, pulcro y respetuoso. Todos se prepararon para un futuro de gran éxito y productividad.

Pero pronto comenzó a evidenciarse que no era capaz de liderar su departamento. No sabía hacer su trabajo. La mayoría de la gente en el departamento sabía más que su jefe. Y, como resultado, comenzaron a quejarse. El departamento no iba a ninguna parte. Todos los grandes planes comenzaron a desvanecerse en la densa neblina de la incapacidad de este hombre de hacer su trabajo. La gente estaba completamente desmoralizada y todo pronto llegó a un punto muerto. Este hombre debía ser reemplazado.

El hecho de que había exhibido fantásticas cualidades, un carácter moral impecable y afabilidad ya no significaba nada. Dado que no sabía hacer su trabajo, no tenía ningún valor para la empresa.

Los líderes tienen que liderar. Y para liderar, tienen que conocer su trabajo. Admito que un líder puede engañarnos por un momento, pero tarde o temprano todo se pone en evidencia. Cuando la gente con la que está involucrado el líder se da cuenta de que está siendo liderada por una persona inepta e incompetente, se marcha, rezonga y se queja, u obliga a la persona a irse. La competencia de un líder puede elevar o derrumbar la moral y la motivación. Los líderes tienen que conocer su trabajo.

Salomón habló de esto: "La sabiduría del prudente es discernir sus caminos, pero al necio lo engaña su propia necedad" (Proverbio 14:8). Se estaba refiriendo al sentido práctico que puede aplicar el conocimiento y la experiencia al trabajo que tenemos por delante. La gente prudente entiende qué implica su trabajo, cómo ir de la A a la

B, cómo hacer que la empresa produzca. Y notemos también que es "su camino" el que entienden. Los líderes saben su trabajo. Saben qué es lo que Dios desea que hagan y se atienen a ello.

LAS TENTACIONES PARA LOS LÍDERES

Cierta vez, nuestro maestro de escuela dominical nos citó Hebreos 12:1: "Por tanto, también nosotros, que estamos rodeados de una multitud tan grande de testigos, despojémonos del lastre que nos estorba, en especial del pecado que nos asedia, y corramos con perseverancia la carrera que tenemos por delante." Al explicar este versículo, me golpearon las palabras *la carrera que tenemos por delante.* Cada uno de nosotros tiene una carrera que correr. Cada uno de nosotros tiene una tarea que realizar. Dado que es obvio que no podemos hacerlo todo, es igualmente obvio que tenemos que hacer lo que Dios nos da para que hagamos y dejemos el resto a los demás. Eso no es tarea fácil. Nuestro adversario nos ataca frecuentemente en este punto. Y nosotros, los líderes, somos especialmente vulnerables a esto. Esos ataques pueden asumir diversas formas.

1. *La envidia.* Cuando un líder tiene contacto con alguien que hace muchas cosas mejor que él, siente envidia del talento de esa otra persona. Yo caí en esta trampa en mi primera misión con Los Navegantes. Mi esposa y yo estábamos viviendo en Pittsburgh, cerca del reverendo Ken Smith. Ken podía cantar como una alondra. Tenía un vocabulario que era muy diferente a mi lenguaje pueblerino. Yo trataba de ser como él, pero no podía.

Muchos años después, estaba trabajando junto a George Sánchez. George también puede cantar como una alondra. Es un magnífico líder de alabanza y maestro de ceremonias. Cuando íbamos a algún retiro, George podía patear la pelota de fútbol más lejos que yo.

Afortunadamente, con los años aprendí a manejar esa clase de cosas. Simplemente decidí que me quedaría con los que Dios me había dado a mí para hacer y usaría los dones que Dios me había dado a mí. Aprendí a vivir y a ministrar dentro de mis propios límites.

2. *El orgullo.* Si el líder tiene un don en particular, y hace ciertas cosas bien, él o ella se sienten tentados a despreciar a aquellos menos talentosos en esa área. Hace algunos años, el Señor me dio un versículo que trataba directamente de ese asunto. El apóstol Pablo reprendía a los corintios diciéndoles que no debían ser arrogantes los unos con los otros: "¿Quién te distingue de los demás? ¿Qué tienes que no hayas recibido? Y si lo recibiste, ¿por qué presumes como si no te lo hubieran dado?" (1 Corintios 4:7). Cuando los líderes entienden este principio, corren menos peligro de caer en la tentación del orgullo.

3. *La culpa.* En comunión con otros líderes cristianos, un líder observa que otras personas hacen excelentes obras que están fuera de su propio llamado de Dios. Y esta comparación puede aportar una sensación de culpa.

Recientemente, mi esposa leyó un artículo sobre la Madre Teresa de la India. Después de leerlo, vino a mi estudio y comenzó a lamentar su propia dedicación superficial comparada con la de la Madre Teresa. El artículo la había hecho caer en picada. Después de hablar un rato, leímos 2 Corintios 10:12: "No nos atrevemos a igualarnos ni a compararnos con algunos que tanto se recomiendan a sí mismos. Al medirse con su propia medida y compararse unos con otros, no saben lo que hacen." Este pasaje le hablaba directamente al problema. Cuando nos comparamos con nosotros mismos, podemos sentirnos derrotados. Simplemente debemos medirnos con el camino que Dios ha elegido para nosotros.

No todos pueden ser la Madre Teresa. De hecho, sólo puede hacerlo una sola persona: la Madre Teresa. Virginia no puede ocuparse de los que padecen hambre en la India, pero puede liderar un estudio bíblico para las mujeres en el vecindario. Esa es una de las cosas que Dios le ha dado y su labor es hacerla bien, bajo el poder y la sabiduría de Cristo.

EL PELIGRO DE EXTRALIMITARSE

Las escrituras son muy claras cuando dicen que es peligroso traspasar los límites del llamado de Dios. Uza extendió su mano para sostener el arca de Dios y Dios se enojó con él (1 Crónicas 13:9-10).

Más adelante en las Escrituras, leemos sobre el rey Uzías, que prosperó mucho bajo la bendición de Dios. "Sin embargo, cuando aumentó su poder, Uzías se volvió arrogante, lo cual lo llevó a la desgracia. Se rebeló contra el Señor, Dios de sus antepasados, y se atrevió a entrar en el templo del Señor para quemar incienso en el altar" (2 Crónicas 26:16). El Señor en su misericordia trató de frenarlo, pero fue en vano.

> Detrás de él entró el sumo sacerdote Azarías, junto con ochenta sacerdotes del Señor, todos ellos hombres valientes, quienes se le enfrentaron y le dijeron: "No corresponde a Su Majestad quemar el incienso al Señor. Ésta es función de los sacerdotes descendientes de Aarón, pues son ellos los que están consagrados para quemar el incienso. Salga usted ahora mismo del santuario, pues ha pecado, y así Dios el Señor no va a honrarlo. Esto enfureció a Uzías, quien tenía en la mano un incensario listo para ofrecer el incienso. Pero en ese mismo instante, allí en el templo del Señor, junto al altar del incienso y delante de los sacerdotes,

> la frente se le cubrió de lepra. Al ver que Uzías estaba leproso, el sumo sacerdote Azarías y los demás sacerdotes lo expulsaron de allí a toda prisa. Es más, él mismo se apresuró a salir, pues el Señor lo había castigado. El rey Uzías se quedó leproso hasta el día de su muerte. Tuvo que vivir aislado en su casa, y le prohibieron entrar en el templo del Señor. Su hijo Jotán quedó a cargo del palacio y del gobierno del país.
>
> (2 Crónicas 26:17-21)

Saúl es otro clásico ejemplo de un líder que traspasó los límites de sus responsabilidades para ofrecer un holocausto al Señor. Cuando Samuel le preguntó al respecto, Saúl le dio una interesante respuesta. Insinuó que realmente no había querido hacerlo, pero a la luz de las circunstancias, "se atrevió" a hacerlo (1 Samuel 13:12). La respuesta de Samuel va directo al grano.

> —¡Eres un necio! —le replicó Samuel—. No has cumplido el mandato que te dio el Señor tu Dios. El Señor habría establecido tu reino sobre Israel para siempre, pero ahora te digo que tu reino no permanecerá. El Señor ya está buscando un hombre más de su agrado, pues tú no has cumplido su mandato.
>
> (1 Samuel 13:13-14)

El apóstol Pablo dijo: "Sin embargo, considero que mi vida carece de valor para mí mismo, con tal de que termine mi carrera y lleve a cabo el servicio que me ha encomendado el Señor Jesús, que es el de dar testimonio del evangelio de la gracia de Dios" (Hechos 20:24).

Los líderes no deben permitir que nada —ni el orgullo, ni la envidia, ni la culpa, ni ninguna otra tentación— los aleje del camino del servicio al cual los ha llamado Dios. No es asunto de ellos juzgar o criticar los que Dios les dice a otros que hagan. No es tampoco prudente que traten de inmiscuirse en el ministerio de los demás. Hay demasiadas trampas ya que evitar en su propio camino y numerosos obstáculos que superar. Que sigan avanzando hacia la meta que les ha fijado Dios.

Los atletas no sólo saben dónde está la meta, sino que también saben dónde están ubicados los postes que señalan los límites. Los líderes harían bien en mantener ambas cosas presentes. Pablo por cierto lo hizo. Él escribió: "Nosotros, por nuestra parte, no vamos a jactarnos más de lo debido. Nos limitaremos al campo que Dios nos ha asignado según su medida, en la cual también ustedes están incluidos" (2 Corintios 10:13).

LOS LÍDERES JAMÁS LO SABEN TODO

Los líderes que conocen su tarea también saben algo más también. Saben que jamás van a llegar al punto en el que podrán decir que han llegado y que ahora lo saben todo. Los buenos líderes continúan aprendiendo. "El que es sabio atesora el conocimiento, pero la boca del necio es un peligro inminente" (Proverbio 10:14). Note el contraste que hizo Salomón. Una clase de persona continuamente abre su mente y atesora conocimiento. La otra, continuamente abre la boca y suelta lo que piensa.

Una de las marcas de los buenos líderes es que se les puede enseñar y están ansiosos de aprender aquellas cosas que van a mejorar su desempeño de la tarea que han recibido del Señor. "El corazón entendido va tras el conocimiento; la boca de los necios se nutre de tonterías" (Proverbio 15:14). Los líderes eficaces jamás están satisfechos, sino que buscan por todos los medios ser más eficientes, ser más entendidos y tener una mayor capacidad para realizar su tarea.

Salomón tenía la sabiduría de saber que ser un líder competente requiere más que sabiduría. Los líderes también necesitan fe. La sabiduría tiene que ver con el entendimiento y la habilidad. La fe va más allá de esto. Tiene que ver con lo que podemos esperar de Dios. Por supuesto que la sabiduría es necesaria para los líderes. El sabio liderazgo y administración de José salvaron a toda una nación de morirse de hambre (Génesis 41:34-36). Los apóstoles, a través de un liderazgo sabio y buena administración, hicieron provisiones para los necesitados y evitaron así distraerse de sus deberes primordiales (Hechos 6:1-4).

Sin embargo, el entendimiento humano no es suficiente. El secreto aquí es el equilibrio. El líder holgazán podría tratar de justificar su pereza diciendo: "Estoy simplemente dejando todo el asunto en manos de Dios." El líder frenético puede esforzarse y luchar al punto de olvidarse casi por completo de Dios. A través de su propia sabiduría, puede llevar un proyecto a un buen resultado. Pero es sólo cuando mezcla la sabiduría con una fe sincera en Dios que encuentra felicidad y satisfacción. (Véase Proverbios 3:5-6; 16:20).

Como los líderes eficaces se dan cuenta de que ellos, en el desempeño de sus tareas, en realidad nunca "llegan", están siempre tratando de encontrar la manera de mejorar. Además, tienen que desarrollar un estilo de vida en el que confían en Dios. La mejor manera de lograr ambos objetivos es un estudio y aplicación constante de la Palabra de Dios. "De tus preceptos adquiero entendimiento; por eso aborrezco toda senda de mentira" (Salmo 119:104). La palabra de Dios es la fuente para saber qué es lo correcto y luego hacerlo.

Los seminarios y los libros que tratan sobre administración y asuntos financieros son útiles para aumentar el conocimiento laboral de los líderes. Si los líderes están atentos a los recursos disponibles y si son selectivos, se van a beneficiar mucho de estos materiales.

Sin embargo, nada es mejor que la Palabra de Dios como fuente de sabiduría. "Tus mandamientos me hacen más sabio que mis enemigos porque me pertenecen para siempre. Tengo más discernimiento que todos mis maestros porque medito en tus estatutos. Tengo más entendimiento que los ancianos porque obedezco tus preceptos" (Salmos 119:98-100).

Salomón llamó nuestra atención a otra manera de obtener guía y entendimiento: "Al necio le parece bien lo que emprende, pero el sabio atiende al consejo" (Proverbio 12:15). Los líderes tendrían que tener la costumbre de escuchar a sus superiores, a sus pares y a aquellos que están bajo su responsabilidad. Una y otra vez, el consejo piadoso ha sido usado para salvar a los líderes de las graves consecuencias de una acción poco sabia. Sin duda, Moisés estuvo en un lugar mucho más propicio una vez que escuchó el consejo de Jetro (Éxodo 18:14-24). También David se salvó de su locura gracias al consejo de Abigaíl (1 Samuel 25:23-34).

Hace algún tiempo atrás, almorcé con un misionero que Dios está usando poderosamente entre los estudiantes universitarios en México. Todo comenzó en el Congreso Misionero Urbana de InterVarsity Christian Fellowship. Mientras estudiaba en la Universidad de Texas, Dan había ido al congreso con la esperanza de que Dios le abriría el camino para que pudiera servir en el extranjero. Había sido cristiano durante tres años y había tenido un éxito moderado dando testimonio de Cristo en el campus. Sin embargo, se sentía desalentado por la falta de continuación de aquellos a quienes había ganado para Cristo. Durante la conferencia, él lo había conocido a Bill, un estudiante del Texas A & M. Bill tenía más o menos su misma edad y estaba también interesado en servir al Señor como obrero cristiano cuando se graduara. Pero había una diferencia. Este estudiante de Texas tenía seis otros estudiantes con él del A & M. Él había ganado a dos de ellos para Cristo. A la vez, esos dos habían ganado a dos más, y esos otros dos habían también ganado a dos más. Era una demostración gráfica de exactamente aquello que buscaba Dan.

Dan se pasó toda la mañana del día siguiente con Bill, haciéndole preguntas sobre su ministerio en su universidad. Le preguntó cómo podía él obtener la clase de ayuda en su vida y servicio cristianos que lo prepararía para hacer la misma clase de cosa en su propia universidad. Bill le dijo que si él estaba dispuesto a ir todas las semanas a Austin desde Bryan, Texas, él le pasaría todo lo que le habían enseñado. Sería un sacrificio para ambos. Pero era exactamente lo que Dan había anhelado. Así que una vez a la semana durante todo el año siguiente, Dan manejó esas ochenta millas para aprender las cosas básicas de dar testimonio y hacer discípulos. Lo escuchaba a Bill y luego iba y ponía en práctica lo que había aprendido.

Hoy día, Bill es un exitoso misionero, rodeado por un grupo fiel y leal de hombres y mujeres laicos de Latinoamérica que son altamente eficaces en alcanzar a sus pares para Cristo y en capacitarlos en la vida del discipulado. Dan conoce bien su tarea y lo que trabajan con él son un grupo sumamente motivado de hombres y mujeres cuya moral permanece alta. Es un ejemplo vivo de las palabras de Salomón: “El que desprecia a la disciplina sufre pobreza y deshonra; el que atiende a la corrección recibe grandes honores” (Proverbio 13:18).

LOS LÍDERES CONOCEN SU TAREA

No hay nada más importante para los líderes que conocer bien su tarea. Unos veranos atrás, mientras viajaba por Europa, almorcé en un restaurante en Oldenburg, Alemania. Había un cartel en la ventana que decía que aceptaban la tarjeta de American Express. Sin embargo, cuando intenté usar la mía para pagar la cuenta, nadie en el restaurante sabía cómo hacer funcionar la máquina para registrar el cargo.

Ese mismo verano estaba yendo por una autopista en Holanda. Un amigo que estaba viajando conmigo me señaló un edificio grande y moderno de oficinas que estaba vacío. Había sido construido demasiado cerca de unos grandes tanques de almacenamiento de gasolina. Había una ordenanza que decía que los edificios de oficinas tenían que estar a equis metros de distancia de los tanques de esta naturaleza. Se habían perdido miles y miles de dólares. El hombre que había otorgado el permiso no había sabido hacer bien su trabajo.

Recientemente, nuestra familia concurrió a un concierto ofrecido en nuestra iglesia. La pianista tenía a una muchacha sentada junto a ella en el banco que daba vuelta las páginas de la partitura. Mientras la miraba hacerlo, me hice una pregunta: *¿Cuánto tiene que saber una persona para dar vuelta las páginas de un libro?* Muy poco, por supuesto. De hecho, mi pequeña nieta puede hacerlo. Pero no podría haberlo hecho para la pianista en el concierto. La muchacha en el concierto tenía que saber cómo leer música. No se trataba solamente de dar vuelta las páginas. Tenía que saber cuándo darlas vuelta. Y eso requería capacitación.

LOS LÍDERES FINALIZAN LA TAREA

El comenzar un trabajo puede ser apasionante. Hacer una tarea puede ser divertido y darnos mucha satisfacción, pero sólo si sabemos que existe la posibilidad de que podremos llevarla a su fin. Comenzar un trabajo que sabemos que está condenado al fracaso es muy desmoralizador. Es responsabilidad del líder ayudar a que la gente finalice la tarea. Esto presupone que la persona sabe lo que está haciendo y es capaz de ayudar a los que están involucrados con ella para que aprendan la tarea y la lleven a un feliz término.

Jesucristo es nuestro principal ejemplo en esto. En su oración como supremo sacerdote, dijo: "Yo te he glorificado en la tierra, y he llevado a cabo la obra que me encomendaste" (Juan 17:4). Él sabía cuál era su tarea, la completó y capacitó a sus discípulos para que la continuaran después de su partida.

Las buenas intenciones no pueden reemplazar un buen desempeño. Los líderes tienen que ser competentes en la tarea que Dios les ha encomendado. Al abordar sus tareas, harían bien en seguir el ejemplo de Salomón:

> Allí mismo [en Gabaón] se le apareció el Señor en un sueño, y le dijo: "Pídeme lo que quieras."
>
> Salomón respondió: "Tú trataste con mucho amor a tu siervo David, mi padre, pues se condujo delante de ti con lealtad y justicia, y con un corazón recto. Y, como hoy se puede ver, has reafirmado tu gran amor al concederle que un hijo suyo lo suceda en el trono.
>
> Ahora, Señor mi Dios, me has hecho rey en lugar de mi padre David. No soy más que un muchacho, y apenas sé cómo comportarme. Sin embargo, aquí me tienes, un siervo tuyo en medio del pueblo que has escogido, un pueblo tan numeroso que es imposible contarlo. Yo te ruego que le des a tu siervo discernimiento para gobernar a tu pueblo y para distinguir entre el bien y el mal. De lo contrario, ¿quién podrá gobernar a este gran pueblo tuyo?"
>
> Al Señor le agradó que Salomón hubiera hecho esa petición. (1 Reyes 3:5-10)

Si usted es responsable de una empresa y no sabe qué hacer, pídale a Dios sabiduría como lo hizo Salomón y Dios se la dará. Porque Dios desea líderes competentes.

CAPÍTULO ONCE

SEA UN LÍDER QUE UNIFICA

La primera vez que me di cuenta de la ventaja de trabajar juntos como equipo fue cuando estaba ayudando en la granja de mi hermano Everett durante mis años de colegio secundario en Iowa. Teníamos dos yuntas de caballos: Molly y Bess, y Bud y Nance. Molly era enorme. Bess era mucho más chica y mucho más vieja que Molly. Cuando las enganchábamos a la cultivadora y partíamos hacia el campo, funcionaban de lo más bien. Molly parecía darse cuenta de que Bess necesitaba un poco de ayuda de vez en cuando y, de alguna manera, se arreglaba para prestársela. Cuando daban la vuelta, se extendía un poco más y parecía llevarla a Bess consigo. Era fácil manejarlas ya que funcionaban tan bien juntas.

Bud y Nance eran diferentes. Eran muy individuales y no tiraban bien de la cultivadora juntas. Parecían dispuestas a arruinarle la vida la una a la otra. A pesar del hecho de que eran más jóvenes, más fuertes y estaban mucho más llenas de vitalidad que Molly y Bess, no lograban hacer tanto trabajo por día como ellas. Su problema era que jamás habían aprendido a funcionar bien como equipo.

Al pasar todos esos veranos cultivando maíz, me di cuenta de por qué nuestro equipo de básquetbol del colegio secundario no tenía un buen rendimiento. Individualmente, todos éramos bastante buenos jugadores. Teníamos un pivote alto y efectivo, algunos delanteros veloces y dos aleros bastante sólidos. Pero nunca llegábamos a nada. Ganábamos algunos partidos, pero éramos generalmente eliminados durante el primer o segundo partido en el torneo del condado. ¿Cuál era nuestro problema? Todos tratábamos de ser súper estrellas. Nos importaba más ser el que sacaba más puntos que ganar el partido. Así que lanzábamos a la canasta algunos tiros espectaculares, hacíamos unos pases muy elegantes y nos pasábamos todo el partido haciendo alarde de nuestro talento individual. El entrenador trataba de tranquilizarnos, pero seguíamos jugando para recibir reconocimiento personal en vez de lograr el éxito de todo el equipo.

Nos encantaba ganar, pero éramos nuestros peores enemigos. Nos derrotábamos a nosotros mismos con nuestras excentricidades individuales y nuestro rechazo a ser un equipo funcional. Además, sé ahora que nuestro entrenador nos permitía liderar el equipo en vez de ser nuestro líder.

Después de graduarme del colegio secundario, tuve la oportunidad de unirme a los infantes de marina y consideré que esa era una magnífica oportunidad. Durante todos los años del colegio secundario, yo había sido el más delgado de la escuela y eso me había convertido en la víctima elegida por todos los bravucones de la escuela. No me podía defender así que aprendí a correr más rápido que los que querían pelearse conmigo. Pero todo el tiempo soñaba que algún día sería robusto y musculoso. Sabía que los infantes de marina eran tipos rudos y, cuando fui aceptado, estaba más que feliz. Sabía que me iban a convertir en un tipo duro. Hasta me había elegido un sobrenombre: Clavo. Clavo Eims. Tenía un cierto timbre. Hasta podía imaginarme la gente que, mirándome mientras yo me pavoneaba por la calle principal de Neola en Iowa susurraba: "¡Aquí viene Clavo!" Así que me uní a los infantes de marina, con la total confianza de que me iban a transformar en un Tarzán americano.

Sin embargo, ocurrió exactamente lo opuesto. Pronto descubrí que estaban totalmente consumidos por la idea de ponerle fin a la Segunda Guerra Mundial. Mis grandes planes gloriosos no eran parte de su idea, porque lo único que querían era derrotar al enemigo. Así que terminé a cargo de una ametralladora en la tripulación de un tanque anfibio blindado.

Cada hombre en esa tripulación sabía cuál era su tarea. La mía era operar la radio y la ametralladora de calibre .30 enfriada con aire. El conductor sabía qué era lo que tenía que hacer, así como el encargado de las municiones, el artillero de la torreta y el comandante del tanque. Nadie jugaba para sí. Éramos un equipo. Nuestra vida dependía de los demás, y cada uno de nosotros tenía que hacer su tarea. Dicho sea de paso, no me convertí en un gigante musculoso y nadie jamás me llamó Clavo. Mi apodo en la marina era Chick. Todavía era el más pequeño de todos, pero como miembro del equipo del tanque, eso no importaba. Yo era tan importante como los demás. Nos necesitábamos y confiábamos los unos en los otros.

Salomón expresó este principio de manera clara y concisa: "Más valen dos que uno, porque obtienen más fruto de su esfuerzo. Si caen, el uno levanta al otro. ¡Ay del que cae y no tiene quien lo levante!" (Eclesiastés 4:9-10). Si los líderes pueden ayudar a los que trabajan con ellos a conocer esta verdad, le están haciendo un favor tanto al grupo como al reino de Dios. Un grupo de individuos que parten en diferentes direcciones y hacen lo que se les antoja no logra demasiado. Pero la gente que se une y avanza hacia un mismo objetivo, apoyándose entre sí, cuidándose, orando y amándose, puede ser una fuerza poderosa. Los individuos que permanecen solos están expuestos a las tentaciones que no se verían expuestos si formaran parte de un equipo. Hay calidez mutua en la comunión y una mayor fortaleza para la guerra espiritual y la obra de Cristo.

David dijo: "¡Cuán bueno y cuán agradable es que los hermanos convivan en armonía!... Donde se da esta armonía, el Señor concede bendición y vida eterna" (Salmos 133:1, 3).

Esto es algo que he observado a lo largo de los años. La gente que está unida en corazón y mente recibe la bendición de Dios en su vida y ministerio. Este espíritu unido es por cierto una de las claves que libera la bendición de Dios y desata su poder. Sin esto, el grupo invariablemente cae en el caos: decae la moral y cualquiera sea la motivación, desaparece.

Estoy seguro de que la unidad fue una de las razones principales de la oración del apóstol Pablo: "Que el Dios que infunde aliento y perseverancia les conceda vivir juntos en armonía, conforme al ejemplo de Cristo Jesús, para que con un solo corazón y a una sola voz glorifiquen al Dios y Padre de nuestro Señor Jesucristo" (Romanos 15:5-6). Aquí, Pablo revela el gran propósito de la unidad: la gloria de Dios. Obviamente, el Señor no es glorificado por las riñas, la falta de armonía o la contienda del grupo. Lo que glorifica a Dios es un mismo parecer y unidad. La unidad cristiana demuestra que el grupo está controlado por el amor y la paz de Cristo Jesús. Pablo les recordó a los filipenses:

> Pase lo que pase, compórtense de una manera digna del evangelio de Cristo. De este modo, ya sea que vaya a verlos o que, estando ausente, sólo tenga noticias de ustedes, sabré que siguen firmes en un mismo propósito, luchando unánimes por la fe del evangelio.
> (Filipenses 1:27)

Salomón sugirió muchas cosas que influyen en la unión y comunión del grupo. Consideremos cuáles son las cuatro cosas que la destruyen y las tres que forjan unidad.

LOS CUATRO DESTRUCTORES DE LA UNIDAD

1. *Las calumnias.* Salomón dijo: "El de labios mentirosos disimula su odio, y el que propaga calumnias es un necio" (Proverbio 10:18). Una de las maneras más eficaces de destruir la eficacia de una persona para Cristo es decir cosas que harán que la gente no deposite su confianza en esa persona. Esto puede ser hecho mediante el ridículo o presentando a la persona bajo una luz poco favorable afirmando una sospecha como si fuera un hecho concreto.

Unos amigos míos estaban planeando ir al campo misionero una vez finalizados sus estudios en la universidad. Una noche, esta pareja había tenido un pequeño desacuerdo mientras su pastor y su esposa estaban cenando con ellos en su casa. Unos meses después, ese pastor le mencionó el incidente a un amigo. Resulta que este amigo formaba parte del comité de selección misionero. Tres años más tarde, la pareja presentó su solicitud al comité para servir en el extranjero. Cuando el comité estaba debatiendo la posibilidad de que esta pareja fuera al exterior, ese miembro dijo: "Escuché que no se llevan muy bien entre sí." Afortunadamente, el Señor tenía a otra persona en el comité que conocía bien a la pareja y quien pudo afirmar con énfasis que eso no era cierto. Se llevaban muy bien. Debido a la calumnia de un hombre que no los conocía bien, a esta pareja casi le prohíben ir al campo misionero.

2. *La ira.* Salomón nos dijo: "El hombre iracundo provoca peleas; el hombre violento multiplica sus crímenes" (Proverbio 29:22); "No te hagas amigo de gente violenta, ni te juntes con los iracundos, no sea

que aprendas sus malas costumbres y tú mismo caigas en la trampa" (Proverbios 22:24-25).

La ira es una emoción contagiosa y puede devastar un grupo.

3. *El orgullo.* Salomón dijo: "El orgullo sólo genera contiendas, pero la sabiduría está con quienes oyen consejos" (Proverbio 13:10). El orgullo desata peleas sobre quién será el que tendrá preeminencia. El problema con el orgullo es su tenacidad. El orgullo es un enemigo mordaz, y es difícil deshacernos de él. Para que podamos funcionar juntos de una manera que glorifique a Dios y avance su reino, tenemos que enfrentar este enemigo. Nuevamente observamos la sabiduría de Salomón: "Al orgullo le sigue la destrucción; a la altanería, el fracaso. Vale más humillarse con los oprimidos que compartir el botín con los orgullosos" (Proverbios 16:18-19).

Al poco de tiempo de convertirme al cristianismo, conocí a un joven cantor que tenía una voz magnífica, y lo sabía. Sus muchos aficionados predecían que iría muy lejos. Y lo hizo: directamente al fondo. Después de algunos años de deleitarse en la alabanza y adulación de las multitudes y de dejar de mantener una práctica de rutina, se dio cuenta de que su voz había perdido su atractivo. Seguía tratando, pero sin éxito. No tengo idea de dónde está hoy.

4. *La envidia.* Salomón dijo: "Cruel es la furia, y arrolladora la ira, pero ¿quién puede enfrentarse a la envidia?" (Proverbio 27:4). La envidia es una cosa extraña. Puede ser provocada por todas las cosas buenas: una vida santa, un ministerio exitoso, una buena familia y niños bien educados. Todas estas cosas pueden encender la llama de la envidia en el corazón de los demás.

Justo antes de la muerte de Cristo, Pilato le dijo a la gente: "¿A quién quieren que les suelte: a Barrabás o a Jesús, al que llaman

Cristo?" (Mateo 27:17). La vida perfecta de Cristo había suscitado una envidia tan profunda que esto llevó a su muerte. En un grupo, un espíritu de envida puede conducir a toda clase de problema. El líder tiene que estar alerta frente a estos destructores y combatirlos antes de que lo destruyan a él, a la gente que con él trabaja y a su misión.

LOS TRES CONSTRUCTORES DE UNIDAD

1. *El amor.* Salomón dijo: "El odio es motivo de disensiones, pero el amor cubre todas las faltas" (Proverbio 10:12). El odio es como el óxido en el guardabarros de un automóvil. La herrumbre puede estar corroyendo la capa inferior y nadie se da cuenta hasta que ya es demasiado tarde. Un día, uno de los pastores de nuestra iglesia tuvo un incendio en su casa. Lo apagó y se fue a dormir. Pero había quedado una pequeña brasa aún ardiendo entre las paredes. Durante la noche se encendió y provocó un gran daño. Así es como funciona el odio.

Por el contrario, el amor está allí, con el rostro descubierto. El amor hace que la gente proteja a sus amigos, no que los exponga. El amor encuentra la manera de pasar por alto las cosas en vez de ofenderse. El amor está ansioso por perdonar y olvidar. El amor es inventivo, creativo e imaginativo y encuentra la manera de sacar el mayor provecho de las cosas. El amor es el máximo poder. Nunca falla.

Un hombre se estaba quejando a un misionero por la obra misionera en el África. "¿Cómo puede ir usted al África y predicar allí sobre el amor cuando existen tantas injusticias en su propio país?" le dijo. La respuesta del líder de la misión fue clásica. "No vamos y les predicamos sobre el amor. Vamos y los amamos."

2. *El control.* Salomón dijo: "La gente chismosa revela los secretos; la gente confiable es discreta" (Proverbio 11:13). Una de las leyes

de Dios era: "No andes difundiendo calumnias entre tu pueblo" (Levítico 19:16). Si sabemos algo sobre alguna persona en nuestro grupo que de alguna manera la lastimaría si lo supieran los demás, debemos quedarnos callados.

Cuando era un cristiano nuevo, me sentí muy desafiado por la familia Jepson en Seattle. Esa maravillosa familia cristiana tenía un regla: nunca decir nada sobre otra persona salvo que fuera algo bueno, positivo y constructivo.

Debe permitir que su corazón sea una caja fuerte en la que todo aquello que podría dañar a otra persona está guardado bajo llave, fuera de la vista de todos. "El perverso hace planes malvados; en sus labios hay un fuego devorador. El perverso provoca contiendas, y el chismoso divide a los buenos amigos" (Proverbios 16:27-28).

Estoy seguro de que eso es en lo que estaba pensando Santiago cuando escribió:

> Así también la lengua es un miembro muy pequeño del cuerpo, pero hace alarde de grandes hazañas. ¡Imagínense qué gran bosque se incendia con tan pequeña chispa! También la lengua es un fuego, un mundo de maldad. Siendo uno de nuestros órganos, contamina todo el cuerpo y, encendida por el infierno, prende a su vez fuego a todo el curso de la vida.
>
> (Santiago 3:5-6)

No hace mucho tiempo, mientras me dirigía al trabajo, vi un camión recolector de basura que en su parte trasera tenía escritas estas palabras: "¡Garantizamos su satisfacción o le devolveremos el doble de su basura!" Me reí, y luego pensé en el Proverbio 17:9: "El que perdona la ofensa cultiva el amor; el que insiste en la ofensa divide a los amigos."

Un amigo verdadero se guarda algunas cosas. No deseo que me devuelvan mi basura. Ni tampoco deseo desparramarla por todo el vecindario. Una lengua disciplinad puede hacer mucho por mantener la armonía en el grupo. Todos haríamos bien en orar la plegaria de David: "Señor, ponme en la boca un centinela; un guardia a la puerta de mis labios" (Salmo 141:3).

3. *La bondad.* Salomón dijo: "La lengua que brinda consuelo es árbol de vida; la lengua insidiosa deprime el espíritu" (Proverbio 15:4). Este proverbio lleva un paso más allá la idea de hablar de manera controlada. Aquí la lengua de una persona no sólo es inofensiva, sino que además tiene una influencia saludable, sanadora y positiva. Cuando la persona habla, sus palabras son un bálsamo de bendición. "El charlatán hiere con la lengua como con una espada, pero la lengua del sabio brinda alivio" (Proverbio 12:18). Si la atmósfera está plagada de discordia, la persona sabia trae paz a las aguas tumultuosas. Donde abundan las espinas en el jardín del descontento, esta persona crea un paraíso de paz y alegría. Algunas personas que retrocederían ante el pensamiento de usar una daga contra otra persona, repetidas veces hieren a otros con sus palabras de crueldad, malicia y bromas insensatas. La bondad es la marca de la persona entendida.

Es también lo que destaca a la persona piadosa. Diciendo palabras proféticas del Mesías que vendría, Isaías afirma: "El Señor omnipotente me ha concedido tener una lengua instruida, para sostener con mi palabra al fatigado. Todas las mañanas me despierta, y también me despierta el oído, para que escuche como los discípulos" (Isaías 50:4). La bondad tendría que ser una ley que gobierna nuestras palabras. "Cuando habla, lo hace con sabiduría; cuando instruye, lo hace con amor" (Proverbio 31:26).

LAS RESPONSABILIDADES DE UN LÍDER

Salomón sugirió cuatro responsabilidades de los líderes que contribuyen directamente a mantener la armonía y unidad necesarias para que la gente continúe estando concentrada y motivada para llevar a cabo la tarea.

1. *La integridad.* Salomón dijo: "Los labios del justo orientan a muchos; los necios mueren por falta de juicio" (Proverbio 10:21). Si los líderes se ocuparan diligentemente de alimentar a su gente, ayudarlos a aprender, ayudarlos en su trabajo y enseñarles la Palabra, los líderes estarían construyendo la base de la paz y armonía. La gente se daría cuenta de que se está enriqueciendo en el verdadero sentido de la palabra. Pablo habló de ser "pobres en apariencia, pero enriqueciendo a muchos" (2 Corintios 6:10). La gente se alimentará con las palabras de fe que su líder extrae del tesoro de la Palabra que mora abundantemente en su corazón (Colosenses 3:16).

El líder y la gente van a experimentar el verdadero liderazgo descrito en Malaquías:

> En su boca había instrucción fidedigna; en sus labios no se encontraba perversidad. En paz y rectitud caminó conmigo, y apartó del pecado a muchos. Los labios de un sacerdote atesoran sabiduría, y de su boca los hombres buscan instrucción, porque es mensajero del Señor Todopoderoso.
>
> (Malaquías 2:6-7)

2. *El control.* Salomón dijo: "La respuesta amable calma el enojo, pero la agresiva echa leña al fuego" (Proverbio 15:1). Los líderes tienen que mantener la calma en medio de los tumultos y los desacuerdos.

Si responden de la misma manera con palabras agresivas, no harán más que propagar el fuego de las discrepancias y la desunión. Si caen en la tentación de justificarse a sí mismos, poner a otros en su lugar o insistir en tener la última palabra, habrán perdido la batalla por obtener la paz.

El control es un pacificador. Los que lo ejercitan ganan dos batallas: contra sí mismos y contra los demás. Los pacificadores ponen en práctica Romanos 12:19: "No tomen venganza, hermanos míos, sino dejen el castigo en las manos de Dios, porque está escrito: 'Mía es la venganza; yo pagaré', dice el Señor".

La lengua del líder tiene que ser disciplinada y estar dedicada a Dios. "El buen juicio hace al hombre paciente; su gloria es pasar por alto la ofensa" (Proverbio 19:11).

3. *El buen humor*. Salomón dijo: "Gran remedio es el corazón alegre, pero el ánimo decaído seca los huesos" (Proverbio 17:22). Los pensamientos expresados en Hebreos 1:9 han sido siempre una fuente de asombro para mí: "Has amado la justicia y odiado la maldad; por eso Dios, tu Dios, te ha ungido con aceite de alegría, exaltándote por encima de tus compañeros." Aun cuando Jesús era un Varón de dolores y familiarizado con el sufrimiento, a la vez exhibía más alegría que todos los que lo rodeaban.

Recientemente, concurrí a una convención bastante grande de líderes cristianos. Recuerdo buscar a un hombre que estaba lleno de la bendición de Dios. Sabía que lo estaría: era su estilo de vida. Él se alegraba, aún en medio de tribulaciones. Dios había usado su alegre corazón para inspirarme y motivarme. También recuerdo cuidadosamente evitando a otro hombre que estaba allí. Era famoso por su pesimismo. Cada vez que me encontraba con él, exudaba su enfado y espíritu quejoso.

4. *La amistad.* Salomón dijo: "En todo tiempo ama el amigo; para ayudar en la adversidad nació el hermano" y "Hay amigos que llevan a la ruina, y hay amigos más fieles que un hermano" (Proverbios 17:17 y 18:24). Un buen líder es amistoso con las personas en el grupo. He leído libros de administración y manuales militares que aconsejan lo contrario: "No se acerquen demasiado a su gente." Por supuesto que eso es una tontería. Jesús dijo: "Ya no los llamo siervos, porque el siervo no está al tanto de lo que hace su amo; los he llamado amigos, porque todo lo que a mi Padre le oí decir se lo he dado a conocer a ustedes" (Juan 15:15). ¿Cuán cerca está él de nosotros? ¡Más cerca que un hermano! ¡Él vive en nosotros!

Los líderes que se mantienen distantes estimulan la frialdad en el grupo. Los líderes que son amigables generan calidez. Vale por cierto la pena el esfuerzo de los líderes por amar a los que carecen de todo atractivo, por amigarse con los hostiles, por alentar a los abatidos y halagar a los que se esfuerzan. Al hacerlo, van a construir un equipo cuya moral y motivación serán usadas por el Espíritu de Dios para engrandecer el reino de Dios.

LA NECESIDAD MUTUA

Es imposible exagerar el valor de un equipo unido. Juntos, todos somos mejores que cada uno individualmente. Todos haremos más y lo haremos mejor que unos pocos aislados. Tengo un amigo que enseña en una exclusiva escuela de posgrado. El propósito de la escuela es demostrar a los alumnos el valor del esfuerzo de grupo. Le presentan miles de problemas a la clase para que los resuelva.

En un caso, cada miembro de la clase recibe un problema que tiene que resolver de manera individual. Después de un tiempo específico, cada persona es ubicada en un equipo para conversar sobre el problema: compartir ideas y luego tratar de resolverlo juntos. Sin excepción, cuando el equipo aborda el problema en conjunto, los miembros llegan a mejores soluciones que las logradas cuando trabajaron solos.

Dios nos ha colocado en un cuerpo: el cuerpo de Cristo. Es su propósito demostrarnos nuestra interdependencia de los unos con los otros:

> Lo cierto es que hay muchos miembros, pero el cuerpo es uno solo. El ojo no puede decirle a la mano: "No te necesito". Ni puede la cabeza decirles a los pies: "No los necesito"... Así Dios ha dispuesto los miembros de nuestro cuerpo, dando mayor honra a los que menos tenían, a fin de que no haya división en el cuerpo, sino que sus miembros se preocupen por igual unos por otros. Si uno de los miembros sufre, los demás comparten su sufrimiento; y si uno de ellos recibe honor, los demás se alegran con él.
>
> (1 Corintios 12:20-21, 24-26)

CAPÍTULO DOCE

SEA UN LÍDER LABORIOSO

Salomón era un individuo con muchos talentos. Era un constructor, un líder, un administrador, tomaba decisiones, fijaba metas y mucho más. Era sabio. Modelaba los atributos de aquél que puede mantener la moral y motivar a las masas. Él amasó una inmensa fortuna y gobernó un reino poderoso.

> Además de ser sabio, el Maestro impartió conocimientos a la gente. Ponderó, investigó y ordenó muchísimos proverbios. Procuró también hallar las palabras más adecuadas y escribirlas con honradez y veracidad.
>
> Las palabras de los sabios son como aguijones. Como clavos bien puestos son sus colecciones de dichos, dados por un solo pastor.
>
> (Eclesiastés 12:9-11)

Sin embargo, cuando reflexionamos en la vida de Salomón, nos golpea una asombrosa verdad. Todo lo que él tenía ya se ha desvanecido. Su poderosa flota, sus enormes rebaños, su glorioso templo, su cuantiosa fortuna, su hermosa residencia y su reino ya han desaparecido. Pero permanece lo que él nos ha enseñado.

Si los líderes son sabios, van a cosechar de esto una gran lección. Es mucho lo que pueden hacer: gran parte de ello va a deteriorarse y desvanecerse en el futuro. Pero lo que ellos pueden enseñar y construir en la vida de la gente perdurará, en especial si su visión es lo suficientemente fuerte como para proyectarse más allá de lo inmediato. Y, si los líderes entienden la necesidad de enseñarles a los que instruyen a ser maestros de otros, esos otros continuarán repitiendo el proceso.

Esa fue la genialidad del apóstol Pablo. Él resume su visión de la siguiente manera: "Lo que me has oído decir en presencia de muchos testigos, encomiéndalo a creyentes dignos de confianza, que a su vez estén capacitados para enseñar a otros" (2 Timoteo 2:2). En este pasaje, Pablo establece su objetivo. Estaba entregado a equipar a los obreros que podían proseguir el ministerio que Dios le había encomendado a él: el ministerio de evangelizar a los perdidos, establecer a los salvos, equipar a los obreros dotados espiritualmente para la cosecha y capacitar a líderes competentes para que llevaran adelante el ministerio cuando le llegara finalmente el momento de partir.

En los capítulos de este libro, hemos conversado sobre muchas de las cosas que debería hacer un líder cristiano. Pero, ¿cuál es el objetivo de todas estas cosas? Esos atributos y objetivos de un líder eficaz no son un fin en sí. Son las herramientas para llevar a cabo la tarea. Este capítulo representa la meta del liderazgo cristiano: multiplicar los obreros para la vasta cosecha que ya está madura.

A menos que ganemos almas para Cristo, no habrá nadie para establecer en la fe. Pero si un líder apunta su ministerio personal al solo objetivo de evangelizar a los perdidos, sólo logrará lo que una sola persona puede hacer. Si apunta su ministerio a multiplicar obreros, verá lo que una multitud de hombres y mujeres competentes, capacitados y motivados pueden alcanzar.

EL LÍDER COMO OBRERO

¿Significa eso que los líderes no deberían evangelizar a los perdidos o establecer a los que se han salvado? Por supuesto que no. Ellos mismos son obreros en la cosecha y jamás deben olvidarlo. Si dejan de trabajar en la cosecha, perderán su principal herramienta de enseñanza: el dar el ejemplo a los demás. Seamos claros en este asunto: los líderes son obreros todos los días de su vida.

Cuando la Biblia alude a los obreros, ¿qué es lo que está describiendo? Para obtener una respuesta parcial a esta pregunta, miremos una declaración de Jesús.

> Al ver a las multitudes, tuvo compasión de ellas, porque estaban agobiadas y desamparadas, como ovejas sin pastor. "La cosecha es abundante, pero son pocos los obreros —les dijo a sus discípulos—. Pídanle, por tanto, al Señor de la cosecha que envíe obreros a su campo." (Mateo 9:36-38)

El obrero es aquél que está directamente relacionado con la cosecha. Reconocemos que en la obra de la iglesia hay muchas clases de obreros, pero para nuestro propósito aquí vamos a concentrar nuestra atención en esta clase: el obrero de la cosecha.

La palabra que usa Jesús es la palabra *ergatees*, que significa "un granjero, uno que trabaja en el campo". Esta es una verdad que a algunos líderes cristianos les cuesta aceptar. Se perciben al otro lado del espectro. En vez de estar afuera, en un campo caluroso y lleno de polvo haciendo el trabajo de los campesinos, ellos se imaginan detrás de enormes escritorios en oficinas con aire acondicionado, anotando instrucciones para los que trabajan. Pero la Biblia no admite esta clase de líderes. Los setenta eran obreros. Los apóstoles eran obreros. Jesús mismo era un obrero. "Mientras sea de día, tenemos que llevar a cabo la obra del que me envió. Viene la noche cuando nadie puede trabajar" (Juan 9:4). Pablo le dijo a Timoteo: "Esfuérzate por presentarte a Dios aprobado, como obrero que no tiene de qué avergonzarse y que interpreta rectamente la palabra de verdad" (2 Timoteo 2:15).

Jesús lideró a su equipo a una vasta cosecha madura. "Cuando Jesús terminó de dar instrucciones a sus doce discípulos, se fue de allí a enseñar y a predicar en otros pueblos" (Mateo 11:1).

Pablo hizo lo mismo: "Y Pablo, como acostumbraba, fue a ellos, y por tres días de reposo discutió con ellos, declarando y exponiendo por medio de las Escrituras" (Hechos 17:2-3a, RVR1960).

Los líderes que siguen el ejemplo de Cristo y de los discípulos que él había escogido y capacitado deben trabajar y capacitar a otros a hacer lo mismo. Pablo dice que somos obreros junto con Dios (1 Corintios 3:9). Les escribió a los tesalonicenses sobre la obra realizada por su fe y el trabajo motivado por su amor (1 Tesalonicenses 1:3). Llamó a Epafrodito su hermano y colaborador (Filipenses 2:25). Exhortó a la iglesia: "Hermanos, les pedimos que sean considerados con los que trabajan arduamente entre ustedes, y los guían y amonestan en el Señor" (1 Tesalonicenses 5:12). Llamó ancianos a "los que dedican sus esfuerzos a la predicación y a la enseñanza" (1 Timoteo 5:17). Recordó a los colosenses de Epafras que "está siempre luchando en oración por ustedes" (Colosenses 4:12). Somos llamados a ser obreros.

Recogemos de todo esto que el dar testimonio es trabajo, que disciplinar es trabajo, que capacitar obreros es trabajo, que el liderazgo es trabajo, que predicar es trabajo, y que orar es trabajo. Todo esto está directamente relacionado con la cosecha abundante.

EL LÍDER COMO PREPARADOR

Los líderes son obreros como primera y última cosa, y por siempre. Pero más que eso, son más que obreros. Porque son obreros que también capacitan a otros a trabajar. No sólo tienen el talento de ganar a los perdidos y de edificar a los que se han salvado, sino que también saben cómo preparar a otros para que hagan lo mismo. Así que los podríamos llamar preparadores.

El preparador es el que ayuda a los discípulos a convertirse en obreros. El apóstol Pablo escribió que Cristo "constituyó a unos, apóstoles; a otros, profetas; a otros, evangelistas; y a otros, pastores y maestros, a fin de capacitar al pueblo de Dios para la obra de servicio, para edificar el cuerpo de Cristo" (Efesios 4:11-12).

Un estudio de la palabra griega *katartizo* aquí traducida como "capacitar" abre un tesoro de ayuda práctica para el líder que seriamente piensa convertirse en un sabio edificador maestro, un talentoso preparador, un hombre o mujer fiel que pueda enseñar a los demás. Sus matices de significado son muchos. Los eruditos griegos nos dicen que *katartizo* significa "completar plenamente, reparar, ajustar, calzar, enmarcar, remediar, perfeccionar, unir perfectamente, preparar, restaurar y abastecer por completo."

Pablo les recuerda a los efesios que Dios ha provisto para ellos ciertos líderes divinamente designados cuya tarea era prepararlos para hacer una obra de alta calidad en el reino de Dios.

Es la tarea de los líderes asegurarse de que los trabajadores sean talentosos en su uso de la Biblia, altamente motivados y entregados a la tarea de trabajar arduamente en la vasta cosecha ya madura que los rodea.

La misma palabra es usada en 1 Pedro 5:10: "Y después de que ustedes hayan sufrido un poco de tiempo, Dios mismo, el Dios de toda gracia que los llamó a su gloria eterna en Cristo, los restaurará y los hará fuertes, firmes y estables". Traducido aquí como "restaurar" significa "equiparlos completamente", "hacerlos íntegros", "convertirlos en quienes deben ser".

Don Enright es un amigo mío que vive en Colorado Springs. Es un artista excepcional que se especializa en dibujar animales salvajes. Durante años ha concentrado su talento en los muflones que viven en las montañas Rocallosas. Hace unos años, decidió ampliar su gama e incluir los animales salvajes del África. Para prepararse para la tarea, tomó su cámara y se unió a un safari en África. En el campamento de base, equiparon y armaron a su grupo para su caminata en el monte. Necesitaban medicamentos, equipos de primeros auxilios, alimentos, carpas, rifles, municiones y hombres para cargar las provisiones. Así es como Pedro usa la palabra *katartizo*. Como uno se equiparía para un safari, el Dios de toda la gracia —el Iniciador y Perfeccionador de nuestra fe— trabaja para equipar nuestras vidas para su gloria.

La palabra es usada nuevamente en Marcos 1:19 y se traduce como "preparando". Aquí la palabra significa "arreglar, reparar, tener listo para usarlo". Jacobo y Juan estaban remendando sus redes y poniéndolas en orden.

En ese sentido, el líder es como un reparador. Cuando necesitamos que arreglen nuestro automóvil, en algunos caso sólo necesitamos un pequeño ajuste: reemplazar una bujía o ajustar un tornillo. Pero a veces significa un arreglo grande. El mecánico tiene que poder hacer ambas cosas para permitir que el automóvil funcione lo mejor posible. Y de la misma manera el líder tiene que tener la compasión y habilidad de tomar vidas rotas o lesionadas y realizar los arreglos menores o mayores necesarios para que vuelvan a funcionar bien.

Pablo expresó una idea similar a los tesalonicenses: "Día y noche le suplicamos que nos permita verlos de nuevo para suplir lo que le falta a su fe" (1 Tesalonicenses 3:10).

Cuando mi hijo menor estaba en el colegio secundario, le dieron una cartulina grande y una caja de lápices de colores. Se suponía que tenía que seguir las instrucciones y crear la imagen. Había cantidad de colores involucrados y era una tarea bastante complicada. De modo que comenzó. Noche tras noche trabajó en su proyecto. Pintaba los rojos, luego los azules, luego los verdes y así. Uno por uno fue llenando los espacios y por fin estuvo completada la imagen. Le llevó semanas completarla, pero finalmente lo hizo y era bellísima. Ese es el sentido de la palabra aquí. Posiblemente existan ciertas doctrinas malinterpretadas que el líder tenga que enseñar de manera simple y clara. Tal vez tenga que fortalecer la fe de la gente en las promesas de Dios o ayudarlos a aprender cómo estudiar la Biblia por sí solos. Donde haya espacios, el líder tiene que tomar la acción que sea necesaria para que sean llenados. En Hebreos 11:3, vemos otro significado de *katartizo*: "Por la fe entendemos que el universo fue formado por la palabra de Dios, de modo que lo visible no provino de lo que se ve." Formado significa "arreglar, colocar las cosas en su debido orden".

En el comienzo, el mundo no tenía forma y estaba vacío. Había confusión y vacío. Pero de esta masa inútil y sin forma, de este borrador, Dios hizo nacer un mundo de un orden perfecto que funciona perfectamente según su plan divino y su ley. Esto tendría que ser un aliciente para los líderes. Si Dios puede hacer esto con su mundo, lo puede hacer con su gente. He hablado con líderes que al observar a su gente, vieron vidas confundidas, inútiles, vacías. El poder de Dios, su sabiduría, su Palabra y su Espíritu pueden obrar cambios poderosos y dramáticos. La confusión puede ser convertida en propósito. La inutilidad puede ser transformada en productividad.

El libro de Lucas nos muestra otra faceta de esta palabra: "El discípulo no está por encima de su maestro, pero todo el que haya completado su aprendizaje, a lo sumo llega al nivel de su maestro" (Lucas 6:40). Esta es la idea de crecimiento. Los líderes deben ayudar a la gente a crecer en gracia y en la semejanza de Cristo. Tienen que enseñarles a orar y leer y memorizar la Palabra para establecer una comunión diaria y significativa con el Salvador. Con demasiada frecuencia los líderes dependen sólo de su enseñanza para llevar a cabo la tarea. Y, con demasiada frecuencia eso no funciona.

Sí, la gente necesita que le enseñen. Pero Judas agregó el ingrediente que faltaba: "Ustedes, en cambio, queridos hermanos, manténganse en el amor de Dios, edificándose sobre la base de su santísima fe y orando en el Espíritu Santo, mientras esperan que nuestro Señor Jesucristo, en su misericordia, les conceda vida eterna" (Judas: versículos 20-21).

Hay que enseñarle a la gente métodos para madurar y mantenerse en el amor de Dios. Si los líderes le pueden enseñar a su gente cómo ahondar en la Palabra por sí mismos, escribirla en las tabletas de su corazón mediante la memorización de las Escrituras, establecer la práctica de la oración matutina y lectura de la Biblia, harán mucho por enseñar a la gente a crecer y convertirse en todo lo que Dios desea que sean. En Gálatas 6:1, vemos otro uso de *katartizo*: "Hermanos, si alguien es sorprendido en pecado, ustedes que son espirituales deben restaurarlo con una actitud humilde. Pero cuídese cada uno, porque también puede ser tentado." Aquí el líder que está controlado por el Espíritu Santo debe reencauzar al que se ha apartado del camino y suavemente corregirlo. La palabra está usada aquí en un sentido médico: recolocar, como en el caso de un hueso dislocado. Un miembro dislocado no puede funcionar correctamente. Una persona que está fuera del cuerpo de Cristo podría dejar de brindar un servicio eficaz en el reino de Dios.

Hace algunos años, apareció esta nota en nuestro periódico:

TRES JÓVENES LESIONADOS EN UN ACCIDENTE DE AUTOMÓVIL

> Tres jóvenes se lesionaron cuando su automóvil se salió de la ruta 24 cerca de Green Mountain Falls y cayó en picada por un terraplén, volcando dos veces, según la Patrulla Estatal. Randy S. Eims, de diecisiete años, fue internado en el Hospital de Penrose con una fractura de pie. Eims está en estado satisfactorio, dijo un vocero del hospital.

Mientras Randy dormía en el asiento de atrás, el Volkswagen convertible en el que era pasajero se salió de repente del camino y comenzó a rodar por el terraplén. Yo llegué al hospital justo a tiempo para ver cómo el médico hacía los preparativos para colocar el hueso nuevamente en su lugar. Tenía los conocimientos y la habilidad y la suavidad para hacer bien su trabajo. Las siguientes semanas fueron de gran enseñanza para Virginia y para mí. Aquí teníamos a un joven fornido, un terror en la cancha de fútbol, un tigre en las canchas de tenis y una imagen de coordinación elegante en las pistas de esquí, prácticamente inutilizado. Pero, a la larga se le sanó el pie y volvió a entrar en acción.

Esa es la idea en este pasaje. El apóstol Pablo no está hablando de una persona que persigue el pecado, sino de aquél que se ha lastimado. Ahora esta persona está discapacitada y necesita que alguien que manifiesta el fruto del Espíritu (amor, dulzura y humildad siendo los principales requisitos), le devuelva la salud y capacidad de servicio.

En Hebreos 13:20-21, vemos *katartizo* relacionándose con la voluntad de Dios.

> El Dios que da la paz levantó de entre los muertos al gran Pastor de las ovejas, a nuestro Señor Jesús, por la sangre del pacto eterno. Que él los capacite en todo lo bueno para hacer su voluntad. Y que, por medio de Jesucristo, Dios cumpla en nosotros lo que le agrada. A él sea la gloria por los siglos de los siglos. Amén.

Es verdad que la gente no alcanzará su más plena madurez, o llegará a su lugar de mayor servicio para Cristo, si está en constante duda sobre cuál es la voluntad de Dios para su vida. Pero si están confiados de que saben lo que Dios desea que hagan, están altamente motivados para recibir la instrucción y capacitación que necesitan. Los líderes que están listos, dispuestos y que son capaces de preparar a otros para que realicen la voluntad de Dios le brindarán una magnífico servicio a su reino. Algunas personas necesitan descubrir la voluntad de Dios. Otras necesitan prepararse para hacerla. Con otros más, es una combinación de ambas cosas. Una vez más, vemos claramente la necesidad de discernimiento, paciencia y destreza en la vida de los líderes. Deben pasar mucho tiempo de rodillas ante Dios y delante de una Biblia abierta si han de ser eficaces en el ministerio de equipar a otros a discernir y realizar la voluntad de Dios para su vida.

Pablo usa nuevamente la palabra en su carta a los corintios: “Les suplico, hermanos, en el nombre de nuestro Señor Jesucristo, que todos vivan en armonía y que no haya divisiones entre ustedes, sino que se mantengan unidos en un mismo pensar y en un mismo propósito” (1 Corintios 1:10). Esto habla de la unidad de los creyentes. Un cuerpo de creyentes que discuten, son celosos y sospechan de todo es de poca utilidad para el Espíritu Santo en el avance de la causa de Cristo. Jesús oró: "Que todos sean uno. Padre, así como tú estás en mí y yo en ti, permite que ellos también estén en nosotros, para que el mundo crea que tú me has enviado" (Juan 17:21). La oración de Pablo era que no hubiera disensiones y divisiones, sino que los creyentes estuvieran sólidamente unidos en mente y pensamiento. No es fácil crear unidad. Mantenerla es más difícil aún. El diablo siempre está buscando la manera de crear divisiones entre los hermanos y hermanas en Cristo para inutilizarlos para los propósitos de Dios. El mantener la unidad del Espíritu en el vínculo de la paz requiere trabajo, oración, amonestación y aliento.

El último versículo que habremos de considerar es 2 Corintios 13:9: "De hecho, nos alegramos cuando nosotros somos débiles y ustedes fuertes; y oramos a Dios para que los restaure plenamente." El pensamiento aquí es el fortalecimiento completo y desarrollo del carácter cristiano.

LA PERSEVERANCIA

Katartizo tiene que ver con "equipar", "reparar", "llenar los espacios", "poner en orden" y, en un sentido médico, "colocar en su lugar una articulación". Todo esto se hace con el propósito de ayudar a que la gente haga la obra que Dios les ha encomendado, para ayudarlos a que crezcan fuertes en el Señor y en el poder de su grandeza, a que disciernan y hagan la voluntad de Dios, a que vivan en unidad y que desarrollen un carácter cristiano piadoso.

Existen dos maneras en que los líderes pueden observar estas tareas: con desaliento o con dependencia. Pueden ver la tarea, y alzar los brazos con frustración. O pueden ver sus limitaciones, su falta de conocimientos y experiencia y preguntar: "¿Quién es suficiente para estas cosas?"

El apóstol Pablo dijo: "No es que nos consideremos competentes en nosotros mismos. Nuestra capacidad viene de Dios. 6 Él nos ha capacitado para ser servidores de un nuevo pacto, no el de la letra sino el del Espíritu; porque la letra mata, pero el Espíritu da vida" (2 Corintios 3:5-6). Los líderes tienen que perseverar y permanecer en la tarea que se les ha encomendado.

Uno de los mejores ejemplos que he visto de perseverancia fue en la isla de Fiyi. Mi esposa y yo estábamos en un autobús camino al aeropuerto. Habíamos salido tarde y el conductor estaba haciendo todo lo posible para ganar el tiempo perdido y lograr que los pasajeros llegaran a sus vuelos. La lluvia golpeaba contra las ventanillas rotas mientras íbamos a los tumbos. Al pie de una colina, nos topamos con un camión de cemento que marchaba lentamente. Nuestro conductor estaba claramente agitado por este golpe de mala suerte e intentó pasarlo. Pero no pudo. El tráfico en sentido contrario lo mantuvo detrás del camión de cemento por millas. Por fin, con un alto en el tráfico, el conductor pudo pasar al camión, y volvimos a la carretera a toda velocidad. Pero fue entonces cuando el conductor vio a un pequeño niño parado en la mitad del camino con un letrero de lata. Estaba de patrulla en la escuela deteniendo el tráfico para permitir que los otros niños cruzaran la calle. El pequeño letrero de lata decía: "Parar". Pero nuestro conductor no tenía ninguna intención de hacerlo.

El niño vio que veníamos a toda velocidad y comenzó a correr hacia el lado del camino. Pero su sentido del deber prevaleció. Se dio vuelta, enfrentó al autobús que se acercaba y se quedó clavado en la carretera. A último minuto, cuando vio que no podía ganar, el conductor clavó los frenos. El autobús se deslizó hasta detenerse y los niños escolares uniformados cruzaron sin peligro la calle. El niño había perseverado y ganado la pulseada. Dicho sea de paso, llegamos justo a tiempo al aeropuerto para subirnos al avión.

LA RECOMPENSA

Permítame que le asegure esto: el equipar a la gente para que sea y haga lo mejor posible para Cristo puede ser una tarea difícil, exigente y a veces ingrata, pero vale la pena. La verdad de esto me fue evidente hace algunos años cuando estaba hablando en una conferencia para soldados en la isla de Okinawa. El capellán había reservado el sitio de un radar abandonado para nuestras reuniones. Ningún otro grupo religioso había podido obtener permiso para usar ese sitio. El capellán Boggs había dedicado muchas horas durante muchos meses y había realizado más de mil llamadas telefónicas para conseguirnos ese lugar. El sábado por la mañana vino a la conferencia y nos dijo por qué se había esforzado tanto por nosotros.

Unos pocos años antes, había estado apostado en Fort Riley, Kansas. Un día, dos soldados vinieron a su oficina y le preguntaron si podían ayudarlo con sus tareas. Querían hacer evangelización en las barracas y formar algunos grupos de estudios bíblicos. El capellán Boggs estaba encantado. En asunto de semanas, había diecinueve hombres involucrados y al poco tiempo estaba él predicando en dos servicios completos los domingos por la mañana, en vez de uno solo medio vacío. El grupo fue luego enviado a Vietnam y en el barco que iba, los dos hombres que habían hablado con el capellán en Fort Riley vinieron a él y le preguntaron si podían tener un estudio bíblico. El capellán Boggs habló con el capitán y obtuvo permiso.

Un año después, cuando el capellán regresó a los Estados Unidos, un ministro vino a su oficina y colocó tres cartas sobre su escritorio. Las cartas eran del hijo del ministro. Esto es lo que decían.

"Querido papá, unos muchachos a bordo del barco me han invitado a un estudio bíblico. Pienso que voy a ir, pensé que te agradaría."

La segunda decía: "Querido papá, estamos ahora en Vietnam y estoy liderando un estudio bíblico de Los Navegantes."

La tercera decía: "Querido papá, mañana hay una gran operación. No sé si lograré volver. Si no lo hago, agradécele a Los Navegantes y al capellán Boggs." Entonces el padre le preguntó al capellán Boggs si podría predicar en el funeral de su hijo.

Después de relatarnos la historia, el capellán Boggs nos exhortó a dar nuestras vidas para equipar a los demás para ser obreros para Cristo. Había visto cómo el Señor había usado a los dos hombres que habían venido a él en Fort Riley. Dios los había usado para dar nueva vida a sus servicios en la capilla, para inspirar a muchos a estudiar la Palabra por sí mismos y para restaurar al hijo del ministro a la comunión con el Señor. En algún momento, alguien había hecho una inversión en la vida de esos dos hombres que había pagado ricos dividendos. Mientras lo escucha al capellán relatando su historia, me golpeó el hecho de que los dos soldados en su historia no eran obreros cristianos profesionales, sino dos hombres comunes y corrientes que estaban haciendo algo que alguien los había equipado para hacer.

Permítame alentarlo a hacer lo mismo. Si hay algo que este mundo necesita es obreros espiritualmente capaces que sean competentes para traer gente a Cristo y que sepan

- cómo ayudarlos a crecer en la fe mediante una comunión diaria con Cristo;
- cómo enseñar a la gente a estudiar la Biblia;
- cómo memorizar las Escrituras y alentar a los demás para que hagan lo mismo;
- cómo orar y ayudar a otros a establecer una significativa vida de oración;

y así por toda la lista de las cosas espirituales básicas. Pero hay una dificultad. Usted como líder tiene que sentar el ejemplo

Si usted se entrega a la gente de esta manera, será un líder que mantiene la motivación y la moral entre su gente al más alto nivel. Estará invirtiendo su vida para equipar obreros para la cosecha por todo el mundo. "Es abundante la cosecha, pero son pocos los obreros" (Lucas 10:2). Como todo cristiano, usted tiene que tomar una decisión. Puede mirar cómo trabajan los demás o puede unirse a las filas de los obreros de Dios.

GUÍA DE ESTUDIO PERSONAL Y EN GRUPO

PARA UN ESTUDIO PERSONAL

Siéntese en su sillón favorito con su Biblia, un lápiz o lapicera, y este libro. Lea un capítulo y marque las frases que le parezcan importantes. Escriba en los márgenes. Note cuáles son las cosas con las que concuerda, con las que está en desacuerdo o las cosas que pone en duda. Busque los pasajes relevantes de las Escrituras. Luego diríjase a las preguntas enumeradas en esta guía de estudio. Si desea seguirle la pista a su progreso con anotaciones, use un cuaderno para registrar sus respuestas, pensamientos, sentimientos y preguntas adicionales. Consulte el texto y las Escrituras a medida que permite que las preguntas amplíen sus ideas. Y ore. Pídale a Dios que le dé una mente que discierna la verdad, una activa preocupación por los demás y más amor por él.

PARA UN ESTUDIO EN GRUPO

Planifique con anticipación. Antes de reunirse con su grupo, lea y marque el capítulo como si se estuviera preparando para un estudio personal. Eche una mirada a las preguntas tomando notas en su cabeza de cómo puede contribuir a la discusión de su grupo. Traiga una Biblia y el texto a su reunión.

Arregle el medio ambiente para que promueva el debate. Sillas cómodas puestas en un círculo invitan a las personas a hablar entre ellas. Dicen: "Estamos aquí para escuchar y respondernos los unos a los otros, y para aprender juntos." Si usted es el líder del grupo, siéntese donde pueda tener contacto visual con todos.

Incluya a todos. El aprendizaje en grupo funciona mejor si todos contribuyen de la misma manera. Si usted tiende a hablar, haga una pausa antes de ingresar en la conversación. Luego pregúntele a las personas calladas lo que piensan. Si usted tiende a escuchar, no vacile en entrar en el debate. Los demás se beneficiarán de sus pensamientos, pero sólo si los expresa. Si usted es el líder del grupo, tenga cuidado de no dominar la sesión. Por supuesto, usted habrá pensado sobre el estudio con anticipación, pero no dé por sentado que la gente está allí sólo para escucharlo, por más que esto lo halague. En cambio, ayude a que los miembros del grupo realicen sus propios descubrimientos. Haga las preguntas, pero inserte sus propias ideas sólo cuando sea necesario llenar algún vacío.

Modere el ritmo del estudio. Las preguntas de cada sesión están diseñadas para durar alrededor de una hora. Las primeras preguntas arman la base para un debate posterior, así que no avance tan rápido que pierde la oportunidad de establecer un valioso fundamento. Sin embargo, las preguntas posteriores hablan con frecuencia del aquí y ahora. Así que no pierda tanto tiempo al principio que luego no queda nada de tiempo para ir a lo "personal". Aun cuando el líder tenga que asumir la responsabilidad de regular el flujo de las preguntas, es tarea de cada persona en el grupo ayudar a que el estudio tenga un ritmo parejo.

Oren los unos por los otros: juntos y a solas. Luego observen la mano de Dios obrando en todas sus vidas.

Note que cada sesión incluye las siguientes características:

Tema de la sesión: una breve declaración que resume la sesión

Constructor de comunidad: una actividad para familiarizarse con el tema de la sesión y con los demás

Preguntas de descubrimiento del grupo: una lista de preguntas para estimular el descubrimiento individual o en grupo y su aplicación

Enfoque de la oración: sugerencias para convertir el aprendizaje en oración

Actividades optativas: ideas suplementarias que mejoran el estudio

Tarea: actividades o preparación que hay que completar antes de la siguiente sesión

CAPÍTULO UNO: SEA UN LÍDER RESPONSABLE

TEMA DE LA SESIÓN

Los líderes eficaces levantan la motivación y la moral aceptando la responsabilidad por las acciones del grupo.

CONSTRUCTORES DE COMUNIDAD (ESCOJA UNO)

1. Describa alguna ocasión en que un líder permitió que usted cargara con la culpa por un problema del grupo. ¿Qué sintió con respecto al grupo? ¿Qué sintió con respecto al líder?
2. Aparte de Jesús, ¿quién es el líder (vivo o muerto) que usted más admira? ¿Por qué?

PREGUNTAS DE DESCUBRIMIENTO DEL GRUPO

1. Eims sugiere que los líderes que se niegan a aceptar responsabilidad por las acciones de quienes lideran destruyen la moral. ¿Por qué piensa que es así?
2. En su propia experiencia, ¿qué clase de rasgos de la personalidad lleva a la gente a eludir sus responsabilidades como líderes? ¿Qué clase de rasgos de la personalidad lleva a la gente a aceptar sus responsabilidades como líderes?
3. Eims dice: "El corazón, que es malvado y engañoso, declara que el mal es el bien y que el bien es el mal.

Todos imaginamos que nuestro corazón es mejor de lo que es. De hecho, el corazón humano nos permite reivindicarnos mediante el autoengaño." ¿Qué le parece esta afirmación? ¿Cómo tendrían que abordar los líderes el problema de su corazón engañoso?

4. ¿Qué responsabilidad tienen los líderes de reprender o corregir a los que lideran?
5. ¿Cuál le parece a usted que son los aspectos más difíciles del corregir a la gente cuando comete errores?
6. ¿Cómo distinguiría la firmeza de un líder de la impulsividad?
7. ¿Cómo puede un líder distinguir la crítica constructiva de la crítica perniciosa para su grupo?
8. ¿En qué clase de situaciones se sienten tentados los líderes a ocultar o retener la verdad de las personas que lideran?
9. ¿Cómo reacciona la gente ante los líderes que se descubrió que son deshonestos?
10. ¿Cómo reacciona usted ante los líderes que tratan injustamente a los demás?
11. ¿De que tendría usted, como líder, hacerse responsable en su grupo? ¿Por qué?
12. Ponga por escrito una descripción (en unas veinticinco palabras) de un líder responsable. Comience su descripción con: "Un líder responsable va a" Si su grupo es grande, hágalo en grupos más pequeños de tres personas y luego comparta los resultados de cada grupo.

ENFOQUE DE LA ORACIÓN

- Confiese las veces que usted, como líder, no aceptó la total responsabilidad de algo.
- Pida a Dios que aclare en su entendimiento qué pasos tiene que tomar para convertirse en un líder más responsable.
- Tome el compromiso específico delante de Dios de la manera en que cumplirá sus responsabilidades como líder.

ACTIVIDADES OPTATIVAS

1. Entreviste a un líder que respete y admire para preguntarle cómo acepta la responsabilidad de corregir, actuar con firmeza, escuchar las críticas, mantener la honestidad y tratar a la gente sin ningún favoritismo.
2. Pida a un compañero de trabajo o supervisor franco y confiable que evalúe su nivel de responsabilidad como líder en las áreas de corregir, actuar con firmeza, escuchar las críticas, mantener la honestidad y ser equitativo.

TAREA

1. Escriba un plan de acción para fortalecer su principal debilidad cuando llega el momento de aceptar responsabilidad como líder.
2. Lea el capítulo 2 de *Sea un líder motivador* y repase de antemano las preguntas de descubrimiento del grupo.
3. Lea 2 Pedro 1:3-11 en una traducción diferente cada día.

CAPÍTULO DOS: SEA UN LÍDER EN CRECIMIENTO

TEMA DE LA SESIÓN

Los líderes eficaces se comprometen a poner en práctica los principios fundamentales del crecimiento personal.

CONSTRUCTORES DE COMUNIDAD (ESCOJA UNO)

1. Relate al grupo un período en su vida en el que haya experimentado un extraordinario crecimiento espiritual. ¿Por qué creció tanto en ese momento?
2. ¿En qué área de su vida está experimentando el mayor crecimiento personal ahora? ¿Por qué está ocurriendo eso?

PREGUNTAS DE DESCUBRIMIENTO DEL GRUPO

1. ¿Cuáles son algunos de los conceptos básicos del crecimiento espiritual que usted aprendió cuando era un cristiano joven en los que necesita concentrarse ahora para seguir creciendo?
2. Eims observa que: "Uno de los mayores peligros del orgullo es que implica un exceso de confianza que, a la vez, genera una actitud negligente hacia las realidades espirituales." ¿Cómo puede el orgullo convertirse en un obstáculo para su crecimiento como líder?
3. ¿Qué dice este proverbio sobre la pereza: "El que es

negligente en su trabajo confraterniza con el que es destructivo" (Proverbio 18:9)?

4. ¿Lucha usted con la pereza, o tiende a trabajar demasiado? ¿Cómo podría tratar de corregir esta tendencia?
5. ¿Cómo piensa que la humildad frente a Dios lleva al crecimiento personal y espiritual?
6. ¿En qué áreas de su vida le resulta difícil ser humilde? ¿Por qué piensa que es así?
7. ¿Cuál piensa que es la conexión entre su santidad personal y su crecimiento como un líder eficaz?
8. Eims ofrece esta definición: "La prudencia es la capacidad de gobernarnos y corregirnos mediante el uso de la razón." ¿Cuáles son algunas áreas de la vida en las que necesita ser prudente para seguir creciendo?
9. En este capítulo, Eims se concentra en el crecimiento espiritual. ¿Cómo piensa que contribuye un sano crecimiento espiritual a su crecimiento como líder?
10. ¿Qué pasos prácticos podría tomar para lidiar con el orgullo como una barrera al crecimiento?
11. Si un líder reconoce que un hábito pecaminoso está entorpeciendo su crecimiento, ¿cómo le recomendaría lidiar con el hábito y reemplazarlo con crecimiento?
12. Eims escribe: "Los líderes tienen que continuar creciendo en su vida personal y espiritual, y en su capacidad para desempeñar su trabajo." ¿Cómo puede usted estimular el crecimiento en sus amistades? ¿Sus disciplinas espirituales? ¿Su capacidad para desempeñar su trabajo?

ENFOQUE DE LA ORACIÓN

- Lea la oración de Pablo para el crecimiento en Colosenses 1:9-14.
- Pida desear "con ansias la leche pura de la palabra, como niño[s] recién nacidos. Así, por medio de ella, crecerá[n] en su salvación" (1 Pedro 2:2).
- Pida a Dios que le dé compañeros para su camino de crecimiento que lo estimulen y lo hagan responsable.

ACTIVIDADES OPTATIVAS

Entreviste a un líder que admira y pregúntele qué obstáculos al crecimiento ha enfrentado y superado.

TAREA

1. Escriba un objetivo de crecimiento para cada una de estas áreas de su vida: madurez espiritual, desarrollo mental, bienestar físico y avance en su carrera.
2. Lea el capítulo 3 de *Sea un líder motivador* y repase de antemano las preguntas de descubrimiento del grupo.
3. Medite en Filipenses 2 que está repleta de líderes ejemplares. Note cómo Timoteo y Epafrodito siguieron el ejemplo de Jesús siguiendo el ejemplo de Pablo.

CAPÍTULO TRES: SEA UN LÍDER EJEMPLAR

TEMA DE LA SESIÓN

Los líderes eficaces sirven como ejemplos constantes a quienes lideran motivándolos y capacitándolos.

CONSTRUCTORES DE COMUNIDAD (ESCOJA UNO)

1. Recuerde un proceso complicado (como un deporte o artesanía) que aprendió del ejemplo de otros en vez de aprenderlo leyendo o escuchando instrucciones. Describa cómo ocurrió.
2. ¿Cuál de sus padres (o algún otro miembro de su familia) le enseñó haciendo las cosas con usted? ¿Qué es lo que aún hace de la misma manera en que se lo enseñaron?

PREGUNTAS DE DESCUBRIMIENTO DEL GRUPO

1. Eims dice que un líder tiene que ser ejemplar. ¿Piensa que lo que quiere decir es que el líder tendría que ser un ejemplo o que el líder tendría que ser extraordinario? ¿Por qué lo piensa?
2. Eims sugiere que gran cantidad de la enseñanza cristiana consiste en "hablarles" a los discípulos maduros en vez de "mostrarles" a los cristianos jóvenes. ¿Cuál es su reacción frente a esto?

3. ¿Qué aspectos de la vida y doctrina cristianas piensa que tienen que ser enseñados más por medio de ejemplos que de palabras? ¿Por qué eligió esos?
4. ¿Por qué es más fácil hablarle a la gente sobre la vida cristiana que mostrarle cómo vivirla?
5. ¿Qué aspectos de su vida cristiana aprendió observando el ejemplo de otra persona?
6. ¿Qué aspectos de su trabajo aprendió observando el ejemplo de otra persona?
7. ¿Qué cosas tienen que ser ciertas en la vida y compromiso de un líder cristiano antes de que él o ella trate de liderar mediante su ejemplo?
8. ¿Cuál de sus disciplinas cristianas desearía mejorar para poder dar un mejor ejemplo como líder?
9. ¿Cómo puede aumentar una actitud alegre y positiva la eficacia de su ejemplo como líder? ¿Cómo puede una actitud quejosa y negativa limitar su eficacia como ejemplo?
10. En el puesto de liderazgo que ocupa, ¿qué está enseñando mediante su ejemplo a quienes lo siguen?
11. ¿Qué áreas de su vida y compromiso tendría que mejorar para poder ser un líder más eficaz mediante su ejemplo?
12. ¿Quiénes son las personas en su vida que han sido influenciadas para bien o para mal mediante el ejemplo de su vida y liderazgo? ¿Cómo se siente con respecto a la influencia de su ejemplo?

ENFOQUE DE LA ORACIÓN

- Lea Filipenses 2:5-11 para ver el poder del ejemplo de Jesús en la formación de nuestra vida. Dígale a Dios algunas de las cosas que ha aprendido del ejemplo de su Hijo.
- Ore por la valentía, entrega y disciplina que necesita para aceptar el desafío de liderar mediante el ejemplo de su vida cristiana.
- Pida a Dios que bendiga a su iglesia con líderes que lo puedan discipular mediante su ejemplo.

ACTIVIDADES OPTATIVAS

1. Entreviste a tres o cuatro personas y pregúnteles cuáles son las características que desean que sus líderes les demuestren a sus grupos.
2. Escriba una carta de agradecimiento a la persona cuya vida ha sido un poderoso ejemplo de la vida cristiana para usted.

TAREA

1. Guíe a uno de sus amigos (o hijos) a lo largo de un proceso que conoce bien usando el programa de cinco pasos de Dawson Trotman: (1) Dígale qué, (2) Dígale por qué, (3) Muéstrele cómo, (4) Ayúdelo a comenzar y (5) Ayúdelo a proseguir. ¿Qué aprendió acerca de ser un ejemplo?

2. Lea el capítulo 4 de *Sea un líder motivador* y repase de antemano las preguntas de descubrimiento del grupo.
3. Lea Hebreos 12:1-4 y tome nota de las maneras en que ha sido inspirado a intentar alcanzar la excelencia mediante la vida de Jesús.

CAPÍTULO CUATRO: SEA UN LÍDER QUE INSPIRA

TEMA DE LA SESIÓN

Los líderes eficaces necesitan exhibir la clase de carácter que inspira a sus seguidores a intentar alcanzar la excelencia.

CONSTRUCTORES DE COMUNIDAD (ESCOJA UNO)

1. ¿Qué persona en su vida ha sido lo suficientemente franca como para señalar sus faltas y amarlo lo suficiente para hacerlo sin ofenderlo?
2. Cuando usted escucha a un orador famoso o está en un grupo con una persona importante, ¿trata de conocerla o le da vergüenza acercarse a ella? ¿Por qué piensa que se aproxima a las autoridades de la manera en que lo hace?

PREGUNTAS DE DESCUBRIMIENTO DEL GRUPO

1. Lea el Proverbio 27:5-6. ¿Cómo puede la tierna franqueza de los líderes inspirar una alta moral en una organización?
2. ¿Cómo difiere una tierna franqueza de la hostilidad y falta de amabilidad?
3. ¿Cuándo ha visto que una franqueza tierna inspira a que una persona aspire a una mayor excelencia?
4. Lea el Proverbio 17:17. Todos sabemos que los

seguidores tendrían que serles leales a sus líderes. ¿Cuáles son algunas de las maneras más importantes en que los líderes podrían expresar su lealtad hacia sus seguidores?

5. ¿Cuándo ha visto a un líder demostrar una inusual lealtad a los que lidera?
6. ¿Cuál piensa que es la mejor manera de usar la alabanza para inspirar a la gente?
7. ¿Cómo responde usted a la alabanza? ¿Cómo afecta su vanidad y su habilidad de darle crédito a Dios por sus éxitos?
8. "Algunas personas tienen la capacidad de ser entrenadas como líderes, mientras que otras no", afirma Eims. Según su opinión, ¿qué clase de personas responde a un liderazgo inspirado y se convierte en líderes?
9. Lea el Proverbio 27:17. ¿Qué disciplinas piensa que necesita para practicar convertirse en un líder lo suficientemente agudo como para afilar a otros? ¿De qué manera piensa que Dios va a utilizar su personalidad y sus dones para afilar a otros?
10. Cuando medita sobre los líderes que lo han inspirado a tratar de alcanzar excelencia, ¿qué es lo que poseen que usted piensa que lo inspira? Por otra parte, ¿qué clase de líderes han destruido su motivación para alcanzar la excelencia?
11. ¿Cuáles son algunos de los cambios que podría hacer en su estilo de liderazgo que lo convertirían en un líder más inspirador?

ENFOQUE DE LA ORACIÓN

- Lea la estimulante oración de Pablo en Filipenses 1:3-11.
- Ore por la gente que está bajo su liderazgo que necesita ser inspirada para alcanzar un mayor compromiso y excelencia.
- Pida a Dios por el compromiso y la disciplina necesarios para ser un líder más inspirador.

ACTIVIDADES OPTATIVAS

1. Eims identifica cuatro etapas en el desarrollo de los discípulos cristianos: cristiano nuevo, cristiano en crecimiento, trabajador incipiente y líder potencial. Cada uno necesita una clase de inspiración diferente. Clasifique a la gente en su grupo según su nivel de desarrollo y evalúe la clase de inspiración que cada subgrupo necesita.
2. Escriba un perfil de la persona en capacitación para el liderazgo con la que tiene que trabajar su grupo o iglesia.

TAREA

1. Identifique a una persona en su grupo que necesite inspiración y programe un encuentro en el que usted pueda expresarle al menos una cualidad inspiradora del liderazgo.
2. Lea el capítulo 5 de *Sea un líder motivador* y repase de antemano las preguntas de descubrimiento del grupo.
3. Examine en Éxodo 18:13-27 los aspectos de eficacia discutidos en *Sea un líder motivador.*

CAPÍTULO CINCO: SEA UN LÍDER EFICIENTE

TEMA DE LA SESIÓN

Los líderes eficaces manejan todos sus recursos para alcanzar el máximo resultado de los esfuerzos de todos.

CONSTRUCTORES DE COMUNIDAD (ESCOJA UNO)

1. ¿Cuándo lo castigaron de niño por hacer algo que nadie le había dicho que estaba mal? ¿Cómo se sintió en esa situación y con respecto a la persona que lo castigó?
2. ¿Quién es la persona más eficiente que conoce? Dé un ejemplo de la eficiencia de dicha persona.

PREGUNTAS DE DESCUBRIMIENTO DEL GRUPO

1. ¿Cuáles son algunas de las cosas que hacen los líderes para aclarar su sentido de dirección de Dios?
2. ¿Cómo le ha dado Dios dirección en sus responsabilidades como líder?
3. ¿Qué clase de cosas tienen que comunicar regularmente y claramente los líderes a las personas que lideran?
4. ¿Quién ha conocido usted que tenía un talento particular para comunicarse como líder? Explique lo que eligió.

5. ¿Qué cualidades personales necesita un líder para delegar de manera eficaz?
6. ¿A qué clase de persona le puede delegar responsabilidad exitosamente un líder?
7. ¿Qué le resulta a usted más difícil sobre delegar autoridad? ¿Cómo encara esa dificultad?
8. ¿Qué clase de ayuda tendrían que poder proporcionar los líderes a aquellos a quienes les ha encomendado tareas?
9. ¿Cómo puede usted como líder hacerse de tiempo para ayudar a la persona a quien le ha dado una responsabilidad?
10. ¿Cómo piensa que un líder tendría que evaluar el desempeño de sus trabajadores?
11. ¿Cuáles son las mejores y peores situaciones de evaluación de trabajo en las que ha estado involucrado? ¿Qué hizo que estuvieran clasificadas como altas o bajas?
12. ¿Qué piensa que los líderes abrumados y frustrados tendrían que hacer para restaurar su eficiencia?
13. No todos somos naturalmente organizados ni eficientes. ¿Cómo piensa que pueden aumentar su eficiencia en sus organizaciones los líderes que no tienen el don de la administración?
14. ¿Qué aspectos del liderazgo eficiente le gustaría ver fortalecidos en su vida? ¿Por qué?

ENFOQUE DE LA ORACIÓN

- Lea la oración e información de Pablo sobre la iglesia tesalónica en 1 Tesalonicenses 1:2-10. Note los elementos de un liderazgo eficiente ejemplificado en este pasaje.

- Ore por la eficacia de su liderazgo y por la de aquellos a quienes lidera.
- Ore por los líderes de su iglesia que ellos puedan ministrar con eficiencia.

ACTIVIDADES OPTATIVAS

Divida una hoja de papel en dos columnas. En una columna, enumere sus fortalezas como líder eficiente, y en la otra columna, sus debilidades. Al pie de la página (o en otra página), escriba tres sugerencias para mejorar su eficacia como líder.

TAREA

1. Trate de aclarar la dirección de Dios para su vida escribiéndola en un papel. Identifique el área general en la que Dios lo ha preparado para servir y agregue algunos datos sobre el servicio en el que se siente confiado.
2. Lea el capítulo 6 de *Sea un líder motivador* y repase de antemano las preguntas de descubrimiento del grupo.
3. Lea 1 Pedro 5:1-4 y haga una lista de todas las características del liderazgo de un pastor que pueda encontrar en esos versículos.

CAPÍTULO SEIS: SEA UN LÍDER QUE SE OCUPA POR SU GENTE

TEMA DE LA SESIÓN

Los líderes eficaces se concentran en la oportunidad de ayudar a los que lideran a crecer y triunfar.

CONSTRUCTORES DE COMUNIDAD (ESCOJA UNO)

1. Hable sobre alguna vez en la que vio a alguien luchando por controlar uno o más animales. ¿Qué otra cosa diferente tendría que haber hecho esa persona?
2. ¿Quién es la persona que lo ha motivado a sobresalir debido a la manera en que él o ella se preocupaba por usted? ¿Cómo se ocupó de usted esa persona?

PREGUNTAS DE DESCUBRIMIENTO DEL GRUPO

1. ¿Cómo pueden los líderes conocer mejor a la gente que lideran para poder así ocuparse mejor de ella?
2. Lea Juan 10:10-13. ¿Cómo revelan el ladrón y el asalariado su egocentrismo? ¿Cómo demuestra el Buen Pastor su abnegación?
3. ¿Qué presiones externas e internas lo tientan a ser egoísta? ¿Qué recursos espirituales tiene para poder llegar a ser un líder abnegado?

4. Si no tuvo ninguna percepción bíblica, ¿cuáles serían los límites de lo que podría saber de la gente? ¿Qué más puede saber de ellos a través de la sabiduría de la Biblia?
5. ¿Qué líder en el pasado se ha ocupado de usted en una relación individual? ¿Qué fue lo que hizo que eso fuera más eficaz que participar en un grupo?
6. ¿Cómo pueden los líderes usar la dificultad y complejidad de su tarea como una excusa por no pastorear a la gente que lideran?
7. ¿Cómo ha visto que los líderes se distraen de sus tareas principales apelando a otros asuntos?
8. ¿Qué distracciones interesantes tratan de alejar su atención de las responsabilidades principales que tiene con la gente?
9. Dé un ejemplo de un líder que ignoró las necesidades personales de aquellos a quienes lidera. Después, dé un ejemplo de un líder que se ocupó de las necesidades personales de aquellos a quienes lidera. Describa la relativa eficacia de esos líderes.
10. ¿Qué habilidades necesitaría usted para lograr convertirse en un líder que se ocupa más de los suyos?

ENFOQUE DE LA ORACIÓN

- Lea la oración pastoral de Hebreos 13:20-21. Note el pedido de los versículos 18 y 19 que muestran el deseo de ser capacitado como así también de capacitar a los demás.

- Ore por el discernimiento de conocer las necesidades de aquellos a quien lidera y por la determinación de tratar de satisfacer esas necesidades.
- Pida a Dios que fortalezca las habilidades pastorales de aquellos que se ocupan de usted.

ACTIVIDADES OPTATIVAS

1. Haga una lista de la gente que le responde a a usted como su líder. Deje un par de renglones después de cada nombre. Regrese y anote en el espacio que dejó libre las necesidades personales que tiene que tomar en cuenta o ayudar a satisfacer mediante su liderazgo.
2. Ubique la palabra *pastor* en alguna concordancia exhaustiva y busque todas las referencias que haya en la Biblia. Hay como cuarenta pasajes que la contienen. Seleccione aquellos que describan a los líderes humanos del pueblo de Dios y haga una lista de los principios de liderazgo que tengan.

TAREA

1. Cada día esta semana, intencionadamente lleve a cabo una acción solícita por cada persona diferente que lidera.
2. Lea el capítulo 7 de *Sea un líder motivador* y repase de antemano las preguntas de descubrimiento del grupo.
3. Lea Tesalonicenses 1:7-2:10. ¿Cómo ayudó la conversación de ida y de vuelta que mantuvieron Pablo y los tesalonicenses al crecimiento de la iglesia?

CAPÍTULO SIETE: SEA UN LÍDER QUE INFORMA

TEMA DE LA SESIÓN

Los líderes eficaces comunican continuamente los objetivos y programas de su organización.

CONSTRUCTORES DE COMUNIDAD (ESCOJA UNO)

1. Describa una situación en la que le haya dicho algo a alguien y luego esa información pasó por la boca de varios así que, cuando usted la volvió a escuchar, estaba distorsionada.
2. Relate alguna experiencia de su infancia en la que uno de sus padres o ambos no le dijeron que algo importante estaba ocurriendo a su alrededor. ¿Cómo se sintió cuando se enteró?

PREGUNTAS DE DESCUBRIMIENTO DEL GRUPO

1. ¿De qué manera piensa que mantener informada a la gente la motiva a sentirse parte de un grupo y a sobresalir en su trabajo?
2. ¿Cuándo ha visto que la mala comunicación en un grupo quebranta la moral y la eficacia de su labor? ¿Cuándo ha visto que la buena comunicación eleva la moral y la eficacia de los trabajadores?

3. ¿Por qué piensa que algunos líderes poco sabios eligen retener información de las personas que lideran?
4. Eims aconseja que es importante que un líder informe a la gente al comienzo de cualquier proyecto. ¿Está usted de acuerdo? ¿Por qué sí o por qué no?
5. ¿Cómo ha visto que la buena o mala comunicación al comienzo de un proyecto afecta el resultado de dicho proyecto?
6. Lea Proverbio 15:23. ¿Cómo piensa que un líder puede juzgar cuándo es el momento adecuado para comunicar cierta información?
7. Lea Proverbio 20:28. ¿Cuáles piensa que son algunas de las tentaciones propias del liderazgo a distorsionar o dar un enfoque diferente a la información? ¿Por qué tendrían los líderes que resistir estas tentaciones?
8. No todos en un grupo tienen que saberlo todo. ¿Cómo puede determinar un líder qué información es apropiada para compartir con qué personas?
9. ¿Ha visto alguna vez a alguien que salga lastimado por enterarse de algo que no era lo suficientemente maduro como para manejar?
10. Lea Proverbio 16:23. ¿Cómo discierne la gente cuando los líderes están compartiendo desde el corazón y no sólo lo que saben con la mente?
11. ¿Cómo le gustaría mejorar su capacidad como líder para comunicarse?
12. ¿Cómo puede alentar a los que usted lidera para que se comuniquen más eficazmente con usted y con otras personas que ellos lideren?

ENFOQUE DE LA ORACIÓN

- Lea la oración de Pablo en 1 Corintios 1:4-9 sobre la base de las palabras enriquecidas.
- Pida a Dios la sabiduría requerida por los líderes para comunicar información oportuna, exacta, apropiada y motivadora.
- Ore por una comunicación sabia y honesta en el trabajo, la iglesia y dentro de los gobiernos locales y nacionales.

ACTIVIDADES OPTATIVAS

Aprenda de memoria los versículos que utilizó Eims para identificar la clase de información que tendrían que compartir los líderes: Proverbio 15:23 (la información oportuna), Proverbio 20:28 (la información exacta), Proverbio 15:2 (la información apropiada) y Proverbio 16:23 (la información que motiva).

TAREA

1. Lea Romanos 16:17-27. Haga una lista de las vías de comunicación a los Romanos que menciona Pablo. Luego enumere los principios de la comunicación que pueda extraer de estos versículos.
2. Lea el capítulo 8 de *Sea un líder motivador* y repase de antemano las preguntas de descubrimiento del grupo.
3. Lea 1 Timoteo 1:3-7 como el ejemplo de un ministerio sin sentido y un ministerio orientado hacia los objetivos.

CAPÍTULO OCHO: SEA UN LÍDER ORIENTADO HACIA LOS OBJETIVOS

TEMA DE LA SESIÓN

Los líderes eficaces ayudan a los que lideran a establecer metas de corto y largo alcance.

CONSTRUCTORES DE COMUNIDAD (ESCOJA UNO)

1. Cuando era niño, ¿cuáles eran algunas de las metas que le fijaron sus padres? ¿Cuál es la primera meta que recuerda haberse establecido?
2. ¿Qué meta que se fijó y alcanzó le da más orgullo? ¿Por qué?

PREGUNTAS DE DESCUBRIMIENTO DEL GRUPO

1. ¿Por qué piensa que la gente necesita metas en su vida y su trabajo?
2. ¿Por qué piensa que fijarse metas les parece a algunos que no es espiritual?
3. Dé algunos ejemplos de personas en la Biblia que se fijaron metas y se esforzaron por alcanzarlas. ¿Aprobó Dios lo que hicieron?
4. ¿Cuáles son algunas de las diferencias entre las metas de corto y largo alcance?

5. ¿Qué piensa que les ocurre a las personas o grupos que se fijan metas de corto alcance sin una clara comprensión de sus metas de largo alcance?
6. ¿Cuáles son algunos de los errores que hace la gente cuando se fija una meta que puede ocasionarles frustración y desaliento?
7. Salomón escribió: "El deseo cumplido endulza el alma" (Proverbio 13:19). ¿Qué dice este proverbio sobre la relación entre fijarse metas y la moral del grupo?
8. ¿Cómo ha visto que las metas personales o de grupo nos protegen para que no nos apartemos del camino?
9. ¿Cuáles son los mayores beneficios que ha observado que provienen del fijarse buenas metas?
10. ¿Cómo podría conocer mejor las metas de su iglesia y participar en su logro?
11. ¿Qué áreas de su vida o trabajo se beneficiarían más del establecimiento de buenos objetivos? ¿Qué necesitaría hacer para fijar metas que funcionen para estas áreas?
12. Imagine que acaba de fijar metas de corto y largo alcance. ¿Qué ayuda desearía de sus líderes para implementar esos planes?

ENFOQUE DE LA ORACIÓN

- Lea Romanos 1:8-17 y 15:18-33 donde Pablo ora y analiza sus metas de corto y largo alcance.
- Pase un rato en oración y reflexión sobre las metas que Dios desea en su vida y área de liderazgo.
- Ore por sabiduría para saber cómo instituir metas nuevas o actualizadas para su vida o trabajo.

ACTIVIDADES OPTATIVAS

1. Conciba una meta de largo alcance y dos a cuatro metas de corto alcance para cada una de estas áreas de su vida: madurez espiritual, bienestar físico, vida de familia y responsabilidades profesionales.
2. Analice Romanos 1:8-17 y 15:18-33 y haga una lista de las metas de corto y largo alcance de Pablo reveladas en estos pasajes. Romanos 15:16 declara la meta general del ministerio de Pablo. A continuación, arregle las demás metas según su orden de importancia.

TAREA

1. Aprenda de memoria el Proverbio 16:3 como un estímulo bíblico a fijarse metas.
2. Lea el capítulo 9 de *Sea un líder motivador* y repase de antemano las preguntas de descubrimiento del grupo.
3. Lea Nehemías 5 y note el decisivo liderazgo de Nehemías al abordar el problema de la explotación de los pobres por los ricos.

CAPÍTULO NUEVE: SEA UN LÍDER DECIDIDO

TEMA DE LA SESIÓN

Los líderes eficaces saben cómo tomar decisiones difíciles en el momento oportuno

CONSTRUCTORES DE COMUNIDAD (ESCOJA UNO)

1. ¿Quién es la persona más decidida que conoce? ¿Qué es lo que más admira de él o de ella?
2. Cuando usted estaba creciendo, ¿quién en su familia o vecindario era famoso por tomar malas decisiones? ¿Cuáles fueron los resultados de esas malas decisiones?

PREGUNTAS DE DESCUBRIMIENTO DEL GRUPO

1. ¿Qué quiere decir Eims cuando dice que "El ministerio va muy bien. Pero estas decisiones me están matando"? ¿Cuándo se ha sentido usted de esa manera?
2. ¿Cómo podría la inseguridad personal contribuir a la dificultad de tomar decisiones?
3. ¿Cómo podrían el orgullo y la pereza contribuir a la dificultad de tomar decisiones?
4. ¿Qué factores hacen que la firmeza le resulte difícil?
5. ¿Cómo puede obtener un líder una definición clara del problema de un grupo que requiere una decisión?
6. ¿Qué piensa que ocurre cuando los líderes toman

decisiones sin tener una definición clara del problema? ¿Puede dar un ejemplo?

7. ¿Qué gana un líder cuando pide sugerencias de la gente antes de tomar una decisión?
8. Cuando existen varias opciones de las cuales elegir para tomar una decisión, ¿cómo puede usted reducir la gama de opciones?
9. ¿Qué papel juegan los momentos que usted pasa solo con Dios en su capacidad de tomar buenas decisiones?
10. La preparación para tomar buenas decisiones es un esfuerzo de todo el grupo. ¿De qué manera es implementar las decisiones un esfuerzo del grupo también?
11. ¿Qué clase de decisiones le resultan fáciles de tomar? ¿Qué clase de decisiones le resultan más difíciles?
12. ¿Le resulta fácil o difícil pedir la opinión de otros cuando tiene que tomar una decisión? ¿Cómo puede fortalecer su interacción con los demás en la toma de decisiones?
13. ¿Cuál es el mejor procedimiento para tomar decisiones que haya observado o en el que haya participado? ¿Qué factores hacen que sea extraordinario?
14. Imagínese que tomó una mala decisión al liderar un grupo. ¿Cuál piensa que es la mejor manera de manejarlo con el grupo?

ENFOQUE DE LA ORACIÓN

- Lea el encuentro decisivo de Jesús con el diablo en Mateo 4:1-11. Note con qué claridad percibió Jesús los problemas antes de responder y qué importante era la mente de Dios en cada situación.

- Admita a Dios las deficiencias que siente cuando toma decisiones. Pídale que le dé la valentía, sabiduría, honestidad y confianza necesarias para tomar decisiones difíciles.
- Ore acerca de las decisiones que usted y los grupos en los que está involucrado enfrentan en este momento.

ACTIVIDADES OPTATIVAS

Entreviste a una persona que sepa tomar decisiones y pregúntele cómo ha alcanzado esas decisiones de alta calidad. Averigüe cómo aclara esa persona los problemas, reduce las opciones, toma la decisión final e implementa dicha decisión.

TAREA

1. Repase los ocho pasos de cómo tomar una buena decisión delineados en el capítulo 9 para lidiar con un problema personal esta semana. Haga un registro escrito de los resultados de cada paso.
2. Lea el capítulo 10 de *Sea un líder motivador* y repase de antemano las preguntas de descubrimiento del grupo.
3. Medite en cómo la oración de Salomón en 1 Reyes 3:5-10 se aplica a sus necesidades de competencia en sus responsabilidades como líder.

CAPÍTULO DIEZ: SEA UN LÍDER COMPETENTE

TEMA DE LA SESIÓN

Los líderes eficaces se concentran en destacarse en las áreas de habilidad que les ha dado Dios.

CONSTRUCTORES DE COMUNIDAD (ESCOJA UNO)

1. ¿Qué área de competencia tiene usted que sólo le sirve para entretenerse: un pasatiempo, un deporte o un interés especial? ¿Cómo la desarrolló?
2. Relate alguna ocasión en la que haya tenido que lidiar con una persona incompetente que no era capaz de hacer nada bien. ¿Cuál fue el resultado?

PREGUNTAS DE DESCUBRIMIENTO DEL GRUPO

1. ¿Cómo logra la gente incompetente llevar a puestos de liderazgo? ¿Qué clase de cosas confunden a veces las organizaciones por competencia?
2. ¿Cómo se dio cuenta de la competencia de los buenos líderes con los que ha estado trabajando? ¿Qué es lo que lo llevó a darse cuenta de que los peores líderes que ha conocido eran incompetentes?
3. Eims enfatiza que los líderes competentes saben hacer las tareas que Dios les encomienda. ¿Cómo pueden la envidia, el orgullo y la culpa impedirles actuar con competencia?

4. ¿Cómo puede mantenerse usted concentrado en su área de competencia de modo que no interfiera en el campo de responsabilidad de los demás?
5. Por ejemplo, un buen vendedor quizás no sea un buen gerente de ventas. Para ser competentes, ¿qué clase de cosas necesitan saber los líderes además de la mecánica de su negocio?
6. ¿De qué manera pueden incrementar los líderes competentes su destreza? ¿Cómo trata usted de aumentar su destreza como líder?
7. Si los líderes no pueden admitir que necesitan ayuda para hacer su trabajo, ¿qué riesgos corren?
8. ¿De qué manera pueden los líderes competentes infundir confianza en su gente para que ellos también puedan completar su tarea con éxito?
9. ¿Cuál piensa que es la relación entre aprender principios de liderazgo de la Biblia y aprenderlos de otras fuentes tales como clases, seminarios y libros?
10. ¿Qué es lo que piensa usted que lo convertiría en un líder más competente en las áreas de responsabilidad que tiene? ¿Cómo podría adquirir la capacitación y habilidades que necesita?

ENFOQUE DE LA ORACIÓN

- Lea la oración de Pablo por poder y competencia en Efesios 3:14-21.
- Ore por el entendimiento y la sabiduría necesarios para entender esas responsabilidades y tareas que necesita saber cómo manejar bien para ser un líder competente.

- Ore por la sabiduría espiritual para resistir las tentaciones de la envidia, el orgullo y la culpa que pueden abstraerlo de su dedicación a las tareas que Dios le ha encomendado solamente a usted.

ACTIVIDADES OPTATIVAS

1. En una hoja de papel, dibuje un rectángulo que cubra la mitad de la hoja y póngale por título "Mi campo de competencia". Dentro del rectángulo, enumere las responsabilidades que necesita dominar. Fuera del rectángulo, enumere las responsabilidades que les pertenecen a otras personas en su grupo. Resalte aquellas cosas dentro del rectángulo a las que usted tenga que prestarles más atención.
2. Aprenda de memoria los siguientes versículos sobre el liderazgo competente: Proverbio 10:14; 1 Corintios 4:7; 2 Corintios 10:12-13.

TAREA

1. Escríbale una nota de agradecimiento a un líder cuya competencia usted admire. Elogie a ese líder por al menos uno de los rasgos de competencia identificados en el capítulo 10.
2. Lea el capítulo 11 de *Sea un líder motivador* y repase de antemano las preguntas de descubrimiento del grupo.
3. Lea la oración de Jesús en Juan 17:20-26 por la unidad de sus discípulos.

CAPÍTULO ONCE: SEA UN LÍDER QUE UNIFICA

TEMA DE LA SESIÓN

Los líderes eficaces promueven la unidad del grupo como una evidencia de la madurez del grupo y como un método para tener éxito.

CONSTRUCTORES DE COMUNIDAD (ESCOJA UNO)

1. ¿Qué actividad en grupo le gustaba cuando era niño? ¿Quién en el grupo era el que los unificaba y unía a todos? ¿Cómo los unía a todos?
2. Entre todos sus parientes, ¿quién es el que los reúne a todos y los ayuda a llevarse bien? ¿Cómo lo hace?

PREGUNTAS DE DESCUBRIMIENTO DEL GRUPO

1. Lea Eclesiastés 4:9-10. ¿Qué verdades prácticas expresa este pastor sobre los beneficios de la unidad de cualquier grupo?
2. Lea Romanos 15:5-6. ¿Cuáles son los valores espirituales asociados con la unidad entre los obreros cristianos?
3. ¿Cómo ha visto que estos agentes destructivos: la calumnia, la ira, el orgullo y la envidia destruyen la unidad de un grupo?
4. Lea el Proverbio 10:12. ¿Cómo tendría que el amor cubrir "todas las faltas" en su grupo?

5. Lea los Proverbios 11:13 y 17:9 y el Salmo 141:3. ¿Cómo piensa que esta clase de protección verbal puede ser desarrollada en su grupo?
6. Lea los Proverbios 12:18 y 15:4. ¿Qué puede hacer para alentar el uso de palabras amables dentro de su grupo? ¿Qué tendencias naturales tendría que superar para hablar de manera positiva sobre todos sus compañeros de trabajo?
7. El control de parte de un líder ayuda a construir unidad. ¿Cuán exitosamente maneja usted su temperamento cuando los ánimos se caldean? ¿Cómo puede mejorar su control?
8. ¿Tiende usted a proyectar buen humor o pesimismo a los que lidera? ¿Cómo puede mejorar el efecto unificador de su buen humor?
9. Eims aboga por la amistad entre líderes y seguidores como un factor de unión. ¿Está de acuerdo con él o favorece usted la distancia entre líderes y seguidores? ¿Por qué?
10. Aparte de los beneficios prácticos derivados de la unidad, ¿qué razones teológicas puede sugerir para explicar el deseo de unidad dentro de una organización cristiana?

ENFOQUE DE LA ORACIÓN

- Lea la bendición de Dios que une a su pueblo registrada en Números 6:24-26.
- Ore por la madurez emocional y espiritual para buscar unidad a pesar de todas las frustraciones propias de la vida en grupo.

- Pida a Dios que imparta un deseo por unidad y preocupación mutua dentro de su lugar de trabajo, iglesia y familia.

ACTIVIDADES OPTATIVAS

1. Identifique un problema que su grupo necesita resolver. Entregue el problema a unos pocos líderes individuales para que trabajen en él a solas por unos pocos días. Luego reúna a los líderes para que trabajen juntos en la resolución del problema. Converse con el grupo sobre los beneficios de unir nuestros esfuerzos.
2. Identifique cuál es el enemigo más poderoso de la unidad de su grupo. Enumere cuatro cosas que podrían hacer para combatir ese enemigo. Clasifíquelas según su orden de importancia. Comiencen a implementar la mejor respuesta.

TAREA

1. Ore cada día de esta semana por la unidad en su iglesia entre el personal pastoral, el resto del liderazgo y la congregación.
2. Lea el capítulo 12 de *Sea un líder motivador* y repase de antemano las preguntas de descubrimiento del grupo.
3. De Efesios 4:11-16, recopile una descripción del trabajo que deberían hacer los líderes.

CAPÍTULO DOCE: SEA UN LÍDER LABORIOSO

TEMA DE LA SESIÓN

Los líderes eficaces equipan a la siguiente generación de líderes mediante su ejemplo así como mediante la instrucción.

CONSTRUCTORES DE COMUNIDAD (ESCOJA UNO)

1. ¿Quién fue su mejor maestro? ¿Qué hizo que él o ella fuera tan importante para usted?
2. ¿Quién ha sido el mentor más importante de su vida cristiana? ¿Cómo influyó él o ella en su madurez espiritual?

PREGUNTAS DE DESCUBRIMIENTO DEL GRUPO

1. Un mentor es un líder maduro que enseña a un joven líder. ¿Qué cualidades querría usted en un mentor?
2. ¿Quién fue su mejor mentor? ¿Qué fue lo que usted aprendió acerca de ser un mentor en esa relación?
3. Eims dice que un mentor necesita ser un obrero que también capacite a otros obreros para trabajar. ¿Cómo sería aplicable esta idea a un pastor? ¿Al capataz de una fábrica? ¿A los padres? ¿Al ejecutivo de una corporación?
4. ¿Qué es lo que piensa usted que serían las mayores dificultades y frustraciones de los líderes que son mentores?

5. ¿Cómo piensa que puede encontrar un líder que está dedicado a ser mentor de la siguiente generación de líderes los recursos que necesita para perseverar a través de las dificultades de su tarea?
6. ¿Cuál piensa usted que sería la mejor recompensa para involucrar a los líderes futuros en la tarea de mentores?
7. ¿Con qué habilidades piensa usted que está equipado para pasar a los demás como mentor?
8. ¿Qué habilidades le gustaría todavía aprender en una relación con un mentor que sea un líder más maduro?
9. En el ministerio cristiano, ¿cuándo piensa usted que un líder está tan apartado de la tarea del grupo que ya no puede involucrarse en la capacitación eficaz de líderes futuros?
10. ¿Cómo piensa usted que los líderes que se sienten apartados de la tarea de sus grupos podrían volver a involucrarse y convertirse en mentores eficaces?
11. Lea Efesios 4:11-12. ¿Cómo piensa que se describe en este pasaje a los líderes tanto como obreros como capacitadores?
12. ¿Cómo podrían ser liberados los líderes en su iglesia para tener más tiempo de ser mentores de líderes?

ENFOQUE DE LA ORACIÓN

- Lea la oración y exhortación de Pablo como mentor de Timoteo en 2 Timoteo 1:13-14.
- Dé gracias a Dios por las personas que hayan sido sus mentores en la fe y en su trabajo.

- Pida la bendición de Dios para aquellas personas que esté liderando para que sean eficaces compañeros de tareas y futuros líderes.
- Ore por la sabiduría de integrar a su vida y liderazgo todas las muchas ideas que Dios le haya recalcado durante el transcurso de este estudio.

ACTIVIDADES OPTATIVAS

1. Identifique a un líder en su grupo del que desearía ser mentor. Explíquele a él o ella cuáles serían los objetivos, métodos y duración de esa relación. Consulte periódicamente *Cómo ser un líder motivador* para lograr mantenerse encarrilado como mentor.
2. Como una mayor preparación para un liderazgo eficaz, lea *Be the Leader You Were Meant to Be* (David C Cook), también escrito por LeRoy Eims.

TAREA

1. Haga una lista de la gente que haya discipulado formal o informalmente. Ore por ellos todos los días de esta semana.
2. Haga una lista de las personas que lo hayan discipulado a usted formal o informalmente. Ore por ellas todos los días de esta semana.
3. Haga una lista de los conceptos de liderazgo más importantes que haya aprendido durante el transcurso de este estudio. Colóquelos en el orden en el que necesita ponerlos en práctica.